Die grüne Küche
auf Reisen

DAVID FRENKIEL & LUISE VINDAHL

Die grüne Küche auf Reisen

VEGETARISCHES AUS ALLER WELT

AUS DEM ENGLISCHEN VON LINDE WIESNER

KNESEBECK

Für Elsa.

Du hast uns in deinen ersten vier Lebensjahren in 15 verschiedene Länder auf fünf Kontinenten begleitet. 2010 verbrachten wir einige Monate lang fast jede Nacht in einer anderen Stadt in anderen Betten und sprangen zwischen den Zeitzonen hin und her. Niemand hätte sich gewundert, wenn du damals oft geweint und gejammert hättest, doch stattdessen hast du dich durch die Welt gelacht, hast geschlafen, gegessen und jeden neuen Ort mit neugierigen Augen erkundet – und wenn dies anders gewesen wäre, dann wären diese Seiten nie geschrieben worden.

Wir lieben dich.

Inhalt

Einleitung

»Hey Ali Baba, probier mal diesen Joghurt!«, ruft mir ein marokkanischer Teenager aufgeweckt zu. Er muss bemerkt haben, wie neugierig ich die Gruppe junger und alter Leute mustere, die aus randvoll gefüllten Schüsselchen genüsslich eine rosarote Flüssigkeit schlürfen. Ein alter Mann mit Strohhut schöpft Erdbeerjoghurt aus Plastikbehältern und in einer Schüssel mit heißem Wasser werden die benutzten Trinkschalen ausgespült. Ich blicke auf die Plastikbehälter, den flüssigen Joghurt, das nur provisorisch gesäuberte Geschirr und dann zu Luise. »Ich merke doch, dass du probieren willst!«, ermuntert sie mich. »Na ja. Als Bakterium würde es mir in diesem Joghurt sicher hervorragend gehen.« Der Jugendliche bemerkt mein Zaudern. »Nun komm, du musst ihn probieren. Es ist DER BESTE!« Ich lächle, bitte meinen Magen um Verzeihung, und trete vor, um eine Schüssel Joghurt zu bestellen: »Auffüllen bitte!«

Ob wir gerade in einer marokkanischen Medina süßen Joghurt schlürfen, beim nächtlichen Lärm der Straßen New York Citys einschlafen oder in einem kleinen Bungalow in Sri Lanka vom Tosen der Wellen geweckt werden – unsere kleine Familie ist unterwegs ganz in ihrem Element –, so viele unbekannte Plätze, die es zu erforschen, so viele Menschen die es kennenzulernen, so viele Geschichten, die es zu hören und so viele Gerichte, die es zu probieren gilt.

Dass Luise Dänin ist, ich Schwede bin, wir uns aber in Italien kennengelernt haben, zeigt, wie undenkbar es für uns wäre, immer in ein und demselben Land zu leben. Glücklicherweise teilen wir die Liebe zum Reisen, und nachdem unsere Tochter Elsa geboren wurde, dauerte es nicht lange, bis wir nach Italien zurückflogen, um dort einen Sommermonat zu verbringen. Als Elsa sieben Monate alt war, nahmen wir von unseren Jobs in Stockholm eine Auszeit und gingen auf Weltreise. Wir übernachteten auf dem Sofa eines Freundes in Brooklyn, tingelten auf dem Highway 1 von San Francisco nach San Diego, suchten jemanden, der uns in Peking ein vegetarisches Restaurant zeigen konnte (nicht die leichteste Aufgabe), aßen bei Straßenverkäufern in Vietnam und kosteten nach Zitronengras duftende Currys in Thailand. Zurück in Schweden, hatten wir zwar unsere Ersparnisse bis auf die letzte Krone aufgebraucht, aber in unseren Pässen waren diverse neue Stempel hinzugekommen, unsere Herzen waren voller neuer Inspirationen und unsere Geschmacksnerven waren mit tausenderlei neuen Aromen gekitzelt worden – und wie nebenbei hatte Elsa auf einer kleinen Insel vor Vietnam das Laufen gelernt.

Aber es führen uns nicht alle unsere Reisen in derart ferne Länder. Manchmal sind es auch Autofahrten zu Freunden außerhalb Stockholms, Zugreisen nach Dänemark, Bootstouren vor der griechischen Küste oder Radtouren in und um Barcelona. Oft zieht es uns jedoch in wärmere Gefilde, vermutlich als Gegenpol zum düsteren, kalten Herbst Skandinaviens.

Ungeachtet des Reiseziels war exotisches Essen schon immer eine Leidenschaft von uns. Kulinarische Abenteuer (wie Obst- und Gemüsemärkte zu besuchen, regionale vegetarische Spezialitäten zu kosten und einen Blick in die Kochtöpfe der Einheimischen zu werfen) stehen ganz oben auf unserer To-do-Liste, wenn wir einen neuen Ort erkunden. Es mag ein bisschen seltsam klingen, aber wir lieben es, zu lernen, wie unterschiedlich Lebensmittel in aller Welt zubereitet werden. So werden beispielsweise Linsen in den USA zu deftigen Mahlzeiten, in Asien aber zu Nachspeisen verarbeitet; italienische Focaccia und indisches Naan haben einige Ähnlichkeiten, schmecken aber doch ganz und gar unterschiedlich; und eine französische Ratatouille erhält durch etwas Zimt, Kreuzkümmel und ein paar Rosinen im Handumdrehen einen marokkanischen Touch.

Kochen ist ein faszinierende Angelegenheit und hat uns in aller Welt viele Türen geöffnet. Durch unser Hobby haben wir fantastische Leute kennengelernt, die wir sonst niemals getroffen hätten: das alte Paar (er war seit 75 Jahren Vegetarier) beispielsweise, mit dem wir in unserem Lieblingscafé in Barcelona zu Abend gegessen haben, die Avocadobauern in Kalifornien, die uns zum Mittagessen eingeladen und uns gezeigt haben, wie man reife Avocados vom Baum pflückt, ohne dabei auf Klapperschlangen zu treten, oder der hübsche Ladyboy-Koch in Thailand, der uns mit lackierten Fingernägeln gezeigt hat, wie man grüne Currys, Kokossuppen und Pampelmusensalate zubereitet. So unterschiedlich die Anbauarten, Zubereitungsmethoden und Zutaten auf der Welt auch sind, scheinen doch die Leute, die sich für gutes Essen interessieren, auf besondere Weise miteinander verbunden und besonders herzlich zu sein.

Und zu Hause reisen wir ganz einfach beim Kochen in ferne Gefilde. Wenn, mitsamt der Sonnenbräune, unsere Urlaubserinnerungen allmählich verblassen, erwecken wir sie in unserer Stockholmer Küche zu neuem Leben. Gewürze und Düfte fördern mehr lebendige Bilder zutage als jedes Foto. In diesem Kochbuch haben wir all unsere kulinarischen Inspirationen, Erfahrungen und Fundstücke zusammengefasst. – *David*

Ernährungsphilosophie

In unserem ersten Buch *Die grüne Küche* wurden die Grundsätze unserer Ernährungsweise bereits ausführlich erläutert, daher wollen wir unseren Lesern diesmal keine umfangreichen ernährungsphilosophischen Exkurse zumuten. Um zu erklären, warum sich die Kochanleitungen in diesem Buch von vielen anderen auf Reisen zusammengetragenen Rezepten unterscheiden, geben wir hier nur eine kurze Zusammenfassung.

Unsere Weise zu essen und zu kochen lässt sich am besten mit »gesund, natürlich und grün« beschreiben. Die Basis bilden Gemüse, hochwertige Fette, natürliche Süßungsmittel, Vollkorngetreide, Hülsenfrüchte, Samen, Nüsse und Obst. Bei der Zubereitung achten wir darauf, die natürlichen Aromen der Zutaten zu intensivieren und gleichzeitig die Vitamine und Nährstoffe zu bewahren.

Essen ist für uns keine Wissenschaft, sondern ein gesundes Vergnügen. Wir achten lediglich auf die Verwendung hochwertiger, naturbelassener Lebensmittel und meiden industriell weiterverarbeitete Zutaten. Wir verwenden Produkte aus biologischem Anbau, die nicht genmanipuliert wurden, und versuchen, uns so vielfältig wie möglich zu ernähren. Ein Großteil unserer Rezepte ist vegan, obwohl wir keine Veganer sind. Und fast alle Rezepte in diesem Buch sind glutenfrei, denn wir möchten uns nach dem Essen gestärkt und energiegeladen fühlen und nicht schwer und aufgebläht. Und wenn wir doch einmal Getreide verwenden, backen wir mit Dinkel-, Roggen- und anderem Vollkornmehl.

Für uns besteht das Geheimnis gesunder Küche darin, verschiedenste Nahrungsmittel abwechslungsreich zusammenzustellen. Dabei finden wir es sinnvoller, auf die Bedürfnisse des Körpers zu achten, als uns strikte Verbote aufzuerlegen. Wir würden nie nach Rom reisen, ohne ein paar Kugeln Gelato zu schlecken, und keinen Markt im indischen Udaipur besuchen, ohne ein paar frittierte Pakoras oder andere *chaat* (Snacks) zu kosten. Aber wir schätzen auch die frischen Spezialitäten einer Region, wie beispielsweise srilankische Ananas, thailändische Kokosnüsse, sizilianische Orangen, kalifornische Erdbeeren oder marokkanische Datteln.

KEEP
CALM
&
FRESH
FRUIT
JUICE
AVAILAB

*SHRIMP QUESADILLAS.
*CHEESE QUESADILLAS
*BEEF FAJITAS
*CHICKEN FAJITAS
*CHICKEN NACHOS
*SHRIMPFAJITAS.
*MIXED FAJITAS
180
100
180
180
150
200
200
*CHICKEN TACOS
*SHRIMP TACOS
*FRENCH FRIES
120
120
150
45
PRICES ARE IN PESOS
*NO CREDIT CARDS

*GUACAMOLE 45
*NACHOS 100
*BEEF NACHOS 150
*SHRIMP CEVICHE 180
*CONCH CEVICHE 180
Special Today Jalapeños Peppers
*BIG GRILLED SHRIMP 200
*GRILLED FISH FILLET 180
*GRILLED CONCH FILLET 200

Küchen & Kulturen

Die meisten Rezepte in diesem Buch entdeckten wir auf Reisen, die wir in den letzten vier Jahren unternommen haben, einige aber auch auf früheren Streifzügen. Die Gerichte erinnern uns an Spanien, Portugal, Italien, Griechenland, die USA, Mexiko, Marokko, Indien, Sri Lanka, Bali, Thailand, Vietnam und China, einige stammen aber auch aus Dänemark und eines aus Schweden.

In aller Welt gibt es unzählige großartige Kochbücher mit traditionellen regionalen Rezepten, oftmals von Einheimischen verfasst. Wir hätten uns niemals träumen lassen, einmal in den Kochbuchbereich einzusteigen. Unsere Rezepte wurden zwar von den Ländern inspiriert, die wir besucht haben, sind aber in hohem Maße private Reflexionen. Sie gründen auf Gesprächen mit Menschen, die wir kennenlernen durften, auf Gerichten, die wir kosten durften, und auf Zutaten, die wir auf Märkten fanden – kombiniert mit unseren persönlichen Vorlieben, Kochgewohnheiten und -methoden.

Wo einige der Originalrezepte Frittieren, Zuckern oder glutenhaltige Zutaten vorsahen, veränderten wir die Zubereitung, verwendeten natürliche Süßungsmittel und entwickelten einfache glutenfreie Alternativen. Unsere chinesisch inspirierten Pilz-Tofu-Teigtaschen (Seite 165) beispielsweise werden in Reispapier gewickelt anstatt in Kloßteig und gedämpft und nicht frittiert. So sind sie einfach herzustellen, glutenfrei und sehr lecker. Und auch bei anderen Gerichten experimentierten wir mit den Zutaten: Die aromatische nordafrikanische *Chermoula*-Marinade beispielsweise kommt normalerweise bei Fischgerichten zum Einsatz, wir aber marinieren einen Blumenkohl damit, der im Ofen am Stück gebacken wird (Seite 149). Einige Rezepte übernahmen wir auch unverändert, wie beispielsweise das der *Mexikanischen Paletas* (Seite 204), ein leckeres Eis am Stiel, das unkompliziert zuzubereiten ist und mit einer Vielfalt natürlicher Süße und Aromen überrascht.

Dieses Buch ist in traditionelle Kapitel eingeteilt, die wir unseren Vorlieben entsprechend ausgebaut haben. Das Frühstücks-Kapitel bietet einen abwechslungsreichen Mix aus süßen und pikanten Gerichten, das Kapitel über Fingerfood & Snacks kann hilfreich sein, wenn Sie eine Party geben; im Suppen-Kapitel finden Sie Wärmendes für kalte Tage (und eine kalte Avocadosuppe für heiße Tage) und im Kapitel über Vorspeisen & Salate zeigen wir, wie unterschiedlich diese beschaffen sein können; das Kapitel über Abendessen enthält schnelle Werktagsrezepte und aufwendigere Gerichte für gemütliche Schlemmer-Wochenenden; im Kapitel über Getränke finden Sie eine Reihe von Erfrischendem und Wärmendem und natürlich darf auch ein Dessert-Kapitel mit leckeren Naschereien aus aller Welt nicht fehlen. Und all dem haben wir ein Kapitel mit Tipps für Reisen mit Kindern vorangestellt, das Alltagsutensilien auflistet, die wir unterwegs mit unserer Tochter Elsa nützlich fanden.

Die meisten Rezepte wurden extra für dieses Buch geschrieben, ein paar stammen jedoch aus unserem Blog. Sie wurden mit neuen Fotos versehen und überarbeitet, es kamen neue Gewürze hinzu, die Zubereitungsart wurde verbessert, oder wir dachten uns neue Serviervorschläge aus. Selbst wenn Sie also denken, das eine oder andere Rezept bereits zu kennen, lohnt es sich eventuell doch, es noch mal auszuprobieren.

Wir lieben alle diese Gerichte und bereiten sie oft zu. Sie erinnern uns an unsere Reisen und brachten viele neue und unerwartete Freuden in unsere Küche – und wir hoffen, auch in Ihre.

Viel Spaß!

Mit Kindern reisen

Als wir mit unserer Tochter Elsa in Flugzeugen, Zügen und auf Schiffen auf fünf Kontinenten unterwegs waren, haben wir uns ein paar Tricks angeeignet, damit sie fröhlich und gelassen blieb und immer gut versorgt war. Reisen mit einem Baby ist sicher eine Herausforderung, aber mit ein bisschen grundlegender Planung, viel Liebe und indem man die Bedürfnisse des Kindes an erste Stelle setzt, wird die Reise ein wundervolles Erlebnis.

Als unser Reiseabenteuer begann, war Elsa drei Monate alt. Sie wurde damals noch gestillt und stieg erst nach ein paar Monaten auf feste Nahrung um. Und egal, wie heiß umstritten die Frage »Brust oder Flasche« heute ist – wir fanden es jedenfalls sehr angenehm, uns in den ersten Reisemonaten keine Gedanken über Elsas Ernährung machen zu müssen.

Die Tipps, die wir hier vorstellen, haben bei uns gut funktioniert. Natürlich sind nicht alle Babys gleich, aber vielleicht finden Sie den einen oder anderen Vorschlag ja ebenfalls hilfreich.

REISEGEPÄCK

1. Passt alles in ein Tuk-Tuk?

Wenn man eine Weltreise mit einem Kleinkind plant, tut man gut daran, nicht zu viele Utensilien und Spielsachen von zu Hause mitzunehmen. Es kann auch ein geradezu befreiendes Gefühl sein, zu erkennen, dass man viele Dinge gar nicht unbedingt benötigt. Es geht dabei nicht nur um das Freigepäck im Flugzeug, sondern Sie sollten Ihr Gepäck auch in einem Taxi, auf einem Boot oder in einem Tuk-Tuk unterbringen können (auch wenn wir inzwischen wissen, dass Tuk-Tuk-Fahrer erstaunliche Mengen in diese winzigen dreirädrigen Vehikel quetschen können). Neben Babykleidung, Schnullern, Windeln, Plastikbeuteln und Fläschchen erwiesen sich für uns folgende Dinge auf Reisen als nützlich:

• Eine Babytrage. Am besten eine, die man sowohl vorne als auch am Rücken befestigen kann (wir lieben unsere Ergo).
• Ein leichter, wendiger Kinderwagen mit zurückklappbarer Rückenlehne, in dem das Baby bequem schlafen kann (wir waren mit unserem Chicco Liteway sehr zufrieden).
• Ein mobiler Kindersitz aus Stoff. Diese tolle Erfindung kann man auf jedem Stuhl befestigen und so klein zusammenfalten, dass sie in jede Tasche passt. Es war hilfreich, immer einen solchen Sitz zur Hand zu haben, sobald Elsa selbstständig sitzen konnte. Gut fanden wir den in Schweden designten In The Pocket Baby und den britischen Totseat, beide übers Internet erhältlich.
• Ein Babyphone oder eine Babyphone-App fürs Smartphone. Damit können Sie sich entspannen, während Ihr Nachwuchs schläft.
• Ein Moskitonetz. Nicht alle Bungalows und Hotels verfügen über Moskitonetze, daher empfiehlt es sich, immer ein eigenes dabeizuhaben. Wir brachten jeweils ein Netz über unserem Bett und eines über Elsas Kinderwagen an, sodass uns nachts keine Blutsauger wachhalten konnten.
• glutenfreier Bio-Instant-Getreidebrei (Porridge). Wir gaben Elsa den Brei als Notessen, wenn wir nicht extra ein Restaurant aufsuchen wollten. Getreidebrei findet man in Supermärkten in aller Welt, aber ungesüßter Instantbrei ist schwer zu bekommen. Daher nehmen wir immer einen Vorrat mit und füllen ihn in einen verschließbaren Plastikbeutel um, der weniger Platz benötigt.

2. Für den Notfall

Überlegen Sie sich vor Reisebeginn, wen Sie anrufen können, wenn Ihr Baby oder Sie selbst unterwegs krank werden sollten. Eine gute Sache ist es, immer die Kontaktdaten des Hausarztes oder der Familienhebamme dabeizuhaben, sodass man medizinische Fragen jederzeit in der Muttersprache abklären kann. Für die Notfallversorgung vor Ort ist es hilfreich, sich vor der Reise über

Krankenhäuser und Arztpraxen an den Reisestationen zu informieren, und auch die Telefonnummer des nächstgelegenen Konsulats sollte man immer parat haben. Wir stellten uns außerdem eine naturheilkundliche Reiseapotheke zusammen, die uns schon diverse Male nützlich war. Wer Medikamente aus der Schulmedizin bevorzugt, findet ähnliche Präparate auch im herkömmlichen Apothekensortiment:

- homöopathische Mittel, um die Symptome von Grippe, Erkältung, Fieber und kleineren Infekten zu lindern,
- probiotische Tropfen oder Pulver, um das Verdauungs- und Immunsystem zu stärken,
- homöopathische Salben zur Behandlung von Ausschlägen, Schürfwunden, Bissen und dergleichen (z. B. Heel),
- Bachblüten-Rescue-Remedy-Creme (Notfallsalbe) bei Hautproblemen, Wunden, Stichen, Ausschlägen etc.,
- schmerzlindernde Kolloid-Sprays (z. B. Spenglersan),
- Citronella-Öl-Spray als Mückenschutz. In mückenreichen Gegenden sprühen wir damit Elsas Kleidung am Vorabend ein,
- Mini-Erste-Hilfe-Set,
- Mittel gegen Fieber,
- Rehydrationssalz,
- Akupressurband für Kinder, um Reiseübelkeit vorzubeugen (z. B. Sea-Band).

FLIEGEN

3. Haben Sie immer ein Fläschchen parat

Wenn Sie nicht stillen, sollten Sie beim Fliegen immer ein Fläschchen mit Babynahrung oder Wasser dabeihaben. Lassen Sie Ihr Baby beim Start und bei der Landung trinken, um durch häufiges Schlucken den Druck im Innenohr auszugleichen.

4. Nehmen Sie neues Spielzeug mit

Erfahrungsgemäß wartet man im Flieger mindestens 30 Minuten auf den Start. Das kann für Eltern recht anstrengend werden, weil kleine Kinder ungern still sitzen, noch dazu angeschnallt. Für diesen Fall nehmen wir manchmal kleine neue Spielsachen mit (oder laden jetzt, da Elsa älter ist, neue Apps herunter), die wir ihr erst im Flugzeug zeigen. Mit dem Auspacken und Spielen ist sie dann lange genug beschäftigt. Wenn wir am Ziel ankommen, schenkt Elsa die Sachen oft Kindern, die dort leben, sodass wir sie nicht von Ort zu Ort mitschleppen müssen. Das Gleiche gilt für Strandspielzeug.

5. Die Snacks dürfen nie ausgehen

Gesunde Snacks (Obst, hart gekochte Eier, Instantbrei, Gemüse-Smoothies, glutenfreie Kräcker, Fruchtriegel, Avocados, Karotten, Sprossen usw.) sollten beim Fliegen immer mit dabei sein, denn ein kleiner Imbiss ist ein guter Trick, um Hungertränen vorzubeugen. Wir mussten mit einer hungrigen, schreienden Elsa schon viele tränenreiche Situationen (etwa Verkehrsstaus) durchleben, die leicht hätten vermieden werden können. Heute verlassen wir niemals ohne Notfallsnack in der Tasche das Haus.

UNTERKUNFT

6. Seien Sie pingelig bei der Zimmerwahl

Wer ein Baby hat, verbringt mehr Zeit im Hotelzimmer, Ferienhaus oder -bungalow, als er glaubt. Wählen Sie also unbedingt eine Bleibe aus, in der Sie sich wohlfühlen. Wenn Sie Urlaub am Meer machen, lohnt es sich, eine Unterkunft direkt am Strand zu suchen. So können Sie mittags die Füße ins Wasser tauchen und in der Sonne relaxen, während das Baby im Schatten schläft.

Wenn Sie die Kosten niedrig halten wollen, könnte ein Haus- oder Wohnungstausch das Richtige für Sie sein, und wenn man mit Eltern tauscht, ist die Wohnung sicherlich kindgerecht eingerichtet. Wir haben mit www.homeexchange.com (www.haustauschferien.com) gute Erfahrungen gemacht.

Auch über www.airbnb.com lassen sich preiswert schöne Unterkünfte in aller Welt finden.

7. Sorgen Sie für Nähe
Wenn Sie unterwegs oft an neuen Orten übernachten, fühlt sich Ihr Kind möglicherweise etwas unsicher. Zeigen Sie Ihrem Kind jede neue Unterkunft, und wenn es Schwierigkeiten mit dem Einschlafen haben sollte, lassen Sie es in Ihrem Bett schlafen. So fühlt es sich immer sicher, egal, wo in aller Welt es sich gerade befindet.

ESSEN

8. Vergessen Sie die Speisekarte
Selbst an den entlegensten Orten der Welt gibt es in Restaurants extra Kindergerichte, da wir Elsa aber weder Fleisch noch industriell verarbeitete Lebensmittel geben wollten, haben wir auf der Kinderkarte selten etwas Passendes gefunden. Unser Tipp ist, mit der Bedienung zu reden und zu erklären, was Ihr Kind gerne isst. Meistens kann der Küchenchef irgendetwas kindgerecht Leckeres zaubern, auch wenn es nicht auf der Speisekarte steht.

9. Essen Sie früh ... oder spät
Ein Restaurantbesuch mit Baby muss nicht automatisch Stress bedeuten – wenn man sich dabei nach dem Kind richtet. Es mag sich etwas seltsam anfühlen, um 17 oder 18 Uhr in einem halb leeren Lokal zu Abend zu essen, aber so haben Sie die besten Chancen auf einen Restaurantbesuch ohne Geschrei. Man muss nicht lange aufs Essen warten, und zwischen den leeren Stühlen gibt es noch viel Platz zum Spielen.

Wer lieber spät isst, gibt dem Kind zu Hause etwas zu essen und setzt es zur Schlafenszeit in den Buggy – dann schläft es im Bestfall auf dem Weg zum Restaurant ein, und die Erwachsenen können ein ruhiges, romantisches Dinner genießen.

10. Setzen Sie auf regionale Spezialitäten
Wenn Ihr Baby schon feste Kost bekommt, können Sie es im Urlaub frische regionale Spezialitäten probieren lassen, wie beispielsweise Kokosnüsse, Avocados, Buchweizenpfannkuchen, Misosuppe, gegrillte Maiskolben, warme Esskastanien, Drachenfrüchte, Pampelmusen, Litschis und vielleicht sogar Weizengrassprossen. Dies alles ist um vieles besser als Baby-Kräcker, Brot und Saft in Flaschen.

ANDERES

11. Wechseln Sie sich ab
Im Urlaub möchte man sich erholen, doch weil kleine Babys viel Aufmerksamkeit brauchen, ist es nicht immer leicht, Zeit zum Lesen oder Entspannen zu finden. Wir wechseln uns daher beim Kinderhüten ab, sodass der andere auch mal Zeit für sich hat.

12. Lassen Sie strikte Regeln zu Hause
Auf Reisen steht man ständig vor spontanen Herausforderungen. Versuchen Sie daher, offen für Anpassungen zu sein, und erklären Sie Ihrem Kind, dass unterwegs andere Regeln gelten als zu Hause.

13. Die Schule des Lebens
Auf unseren Reisen hat Elsa Tausende von Fragen gestellt und Millionen von Beobachtungen gemacht: »Warum haben wir hier kein warmes Wasser?«, »Warum tragen diese Männer da Kleider?« oder »Guck mal, alle Frauen dort haben Tücher um ihre Köpfe.«

Andere Kulturen kennenzulernen ist eine wundervolle Möglichkeit, um offener für die sozialen und religiösen Unterschiede auf diesem Planeten zu werden. Haben Sie keine Angst vor eventuellen Problemen. Reisen ist eine tolle Erfahrung, die Sie und Ihr Kind niemals bereuen werden.

KAPITEL I

FRÜHSTÜCK

Acai-Schale de luxe

In Santa Barbara mieteten wir die oberste Etage eines großen, schicken Hauses an, das nur wenige Blocks vom Strand entfernt lag. Nachdem wir vorher einige Wochen in schäbigen Motels geschlafen hatten, fühlten wir uns in unserem luftigen Loft am Meer geradezu königlich. Die Besitzerin war Künstlerin und überließ uns die Wohnung netterweise für eine sehr geringe Miete. Häufig behandeln uns auf unseren Reisen die Leute ausgesprochen freundlich. Es ist wohl das Baby im Kinderwagen, das ihre Herzen erweicht. In einer Seitengasse, unweit des Hauses, fanden wir ein Café, das diverse Gerichte mit lilafarbenen Acai-Beeren servierte, die nicht nur sehr lecker, sondern auch überaus gesund sind. Als wir in Richtung Süden weiterfuhren, deckten wir uns mit tiefgefrorenen Acai-Beeren ein und kreierten daraus unsere eigenen Gerichte, wann immer wir eine Küche zur Verfügung hatten. Da in Europa tiefgekühlte Acai-Beeren schwer zu bekommen und teuer sind, bereiten wir unsere Acai-Schale inzwischen mit anderen Tiefkühl-Beeren und Acai-Pulver zu, das in den meisten Reformhäusern oder Bioläden erhältlich ist.

Für das Acai-Püree
300 g Tiefkühlbeeren, leicht angetaut
2 Bananen, in Scheiben geschnitten und tiefgefroren
4 EL Acai-Pulver
etwa 250 ml ungesüßte Mandelmilch (oder andere Pflanzenmilch Ihrer Wahl)
2 EL Nuss- oder Samenmus (alternativ eingeweichte Nüsse und Samen oder pflanzliches Eiweißpulver aus Hanfsamen, braunem Reis, Samen- oder Erbsensprossen)

Zum Anrichten
frische Früchte, in mundgerechte Stücke geschnitten
Hanfsamen
Blütenpollen
Goji-Beeren
klarer Honig (vorzugsweise nicht erhitzt), nach Belieben

Die Tiefkühlbeeren, die Bananen, das Acai-Pulver und die Pflanzenmilch in einen leistungsstarken Standmixer geben. Nussmus, (alternativ eingeweichte Nüsse und Samen oder das Eiweißpulver) zugeben und das Ganze pürieren, bis eine cremige, geschmeidige Masse entstanden ist (in der Konsistenz ähnlich der von Frozen Yogurt). Wer keinen Standmixer hat, kann die Zutaten auch mit dem Stabmixer in einem Rührbecher zur Creme verarbeiten.

Die Acai-Mischung in Schalen geben, mit den frischen Früchten, Hanfsamen, Blütenpollen, Goji-Beeren und eventuell etwas Honig garnieren und sofort servieren.

Haferflocken im Glas

Bereiten Sie das Müsli am Abend vorher zu und stellen Sie die Gläser über Nacht in den Kühlschrank. So quellen die Haferflocken in der Flüssigkeit auf und sind morgens weich, süß und wunderbar cremig. Durch das Einweichen werden Getreide und Samenkapseln besser bekömmlich, die Nährstoffe können leichter aufgenommen werden, und das Müsli bekommt eine seidige Konsistenz. Haferflocken im Glas eignen sich gut als Frühstück für hektische Morgen oder, wenn das Wetter es erlaubt, für ein gemütliches Frühstück im Grünen. Ich habe auch schon für Brunchbuffets Gläser unterschiedlicher Geschmacksrichtungen hergestellt. Mit handgeschriebenen Aufklebern verziert sehen die Gläschen hübsch aus, und jeder kann sich seine Lieblingsvariante selbst aussuchen. Kennengelernt haben wir diese Zubereitungsart im Restaurant »Peels« in New York City. – *Luise*

Grundrezept

60 g Haferflocken (glutenfrei, falls eine Intoleranz besteht)
1 Prise süßes Pulver (Vanille, Zimt, Kardamom oder eine Mischung daraus)
1 EL Samen (Chia-, Lein-, Sesam-, Flohsamen etc.)
175 ml ungesüßte Pflanzenmilch (Mandel-, Hafer-, Kokosmilch oder Kokoswasser etc.) oder Fruchtsaft (Orangen-, Apfelsaft etc.)

Alle trockenen Zutaten in ein kleines Weckglas geben, mit der Flüssigkeit übergießen, verrühren und das Glas mit einem Deckel verschließen. Für ein paar Stunden oder über Nacht in den Kühlschrank stellen. Diese Grundmischung hält sich gekühlt etwa 3–5 Tage.

Blaubeeren, Vanille & Chia

60 g Haferflocken (glutenfrei, falls eine Intoleranz besteht)
1 Prise Vanillepulver oder ein paar Tropfen Vanilleextrakt
1 EL Chiasamen
175 ml ungesüßte Mandelmilch
2 EL frische (oder tiefgekühlte) Blaubeeren

Haferflocken, Vanille und Chiasamen in ein kleines Weckglas geben und mit der Mandelmilch übergießen. Umrühren und die Blaubeeren darübergeben. Das Glas verschließen und für ein paar Stunden oder über Nacht in den Kühlschrank stellen.

Lucuma & Haselnuss

60 g Haferflocken (glutenfrei, falls eine Intoleranz besteht)
1 TL Sesamsamen
1 TL Lucuma-Pulver
175 ml Mandelmilch
1 EL Haselnussmus

Alle trockenen Zutaten in ein Weckglas geben, mit Milch übergießen, umrühren und das Nussmus untermengen. Das Glas verschließen und für ein paar Stunden oder über Nacht in den Kühlschrank stellen.

Lucuma-Pulver wird aus den peruanischen Lucuma-Früchten hergestellt und ist ein vitalstoffreiches, natürliches Süßungsmittel, das man in Bioläden, Reformhäusern und übers Internet bekommt.

Rohkakao, Chia & Banane

60 g Haferflocken (glutenfrei, falls eine Intoleranz besteht)
1 TL Chiasamen
1 EL Rohkakao (oder ungesüßtes Kakaopulver)
½ Banane, zerdrückt
175 ml Mandelmilch

Alle trockenen Zutaten in ein Weckglas geben. Die zerdrückte Banane hinzufügen und untermengen. Die Milch darübergießen und umrühren. Das Glas verschließen und für ein paar Stunden oder über Nacht in den Kühlschrank stellen.

Erdnussbutter, Banane & Himbeeren

60 g Haferflocken (glutenfrei, falls eine Intoleranz besteht)
175 ml Mandelmilch
½ Banane, zerdrückt
1 EL Erdnussbutter
2 EL Himbeeren, zerdrückt (oder rohe Himbeer-Chia-Marmelade siehe S. 232)

Die Haferflocken in ein kleines Weckglas geben, mit Milch übergießen und umrühren. Die Banane und die Erdnussbutter sorgfältig untermengen und die Mischung mit Himbeeren bedecken. Das Glas verschließen und für ein paar Stunden oder über Nacht in den Kühlschrank stellen.

Orange, Leinsamen & Kokos

2 EL Leinsamen
60 g Haferflocken (glutenfrei, falls eine Intoleranz besteht)
1 Prise gemahlene Vanille (oder ein paar Tropfen Vanilleextrakt)
175 ml Orangensaft, vorzugsweise frisch gepresst
1 EL ungesüßte, getrocknete Kokosflocken, geröstet

Den Leinsamen in ein kleines Weckglas geben. Haferflocken und Vanille vermischen und auf den Leinsamen geben. Den Saft darübergießen. Das Glas verschließen und für ein paar Stunden oder über Nacht in den Kühlschrank stellen. Vor dem Servieren die gerösteten Kokosflocken darüberstreuen.

YAMAHA
NANO

2 PORTIONEN / GLUTENFREI

Eier mit Pilzen & Spinat

Ich liebe die französischen *Œufs en cocotte* (die im Deutschen weniger romantisch klingenden *Eier im Napf*) sehr, und das Gericht ist wunderbar einfach abzuwandeln. Mal fügen wir Grünkohl hinzu, mal würzen wir es mit frischen Kräutern. In Frankreich wird gerne ein Schuss Sahne dazugegeben, aber ein Spritzer Mandelmilch macht das Gericht ebenso reichhaltig. Die Eier werden im Ofen sanft auf dem Gemüse gebacken, und wenn man den Löffel in den Dotter taucht, bricht er auf und vermischt sich mit dem Gemüse zu einer köstlich cremigen Masse. Als ich dieses Gericht in einem Café im Marais-Viertel in Paris kennenlernte, war es wie hier mit Pilzen und Spinat zubereitet. Die angegebene Menge an Gemüse muss dabei nicht penibel eingehalten werden – seien Sie ruhig kreativ. – *Luise*

1 EL kalt gepresstes Kokosfett (alternativ Olivenöl oder Ghee), plus etwas zum Einfetten der Förmchen
1 gute Handvoll Pilze (nach Belieben)
2 gute Handvoll frischer (oder aufgetauter tiefgekühlter) Spinat
Blätter von 2 Zweigen frischem Thymian, fein gehackt
100 g Ziegenkäse (oder Schafkäse), zerkrümelt
4 Eier
2 EL Pinienkerne, leicht geröstet
Meersalz und Pfeffer aus der Mühle
etwas kalt gepresstes Olivenöl zum Anrichten

Den Backofen auf 180 °C (Gas Stufe 4) vorheizen.

Die Pinienkerne in einer Pfanne ohne Fettzugabe anrösten und in einer Tasse beiseitestellen.

Das Fett in die Pfanne geben, auf mittlerer Stufe erhitzen und Pilze, Spinat und Thymian darin bei gelegentlichem Umrühren einige Minuten braten, bis alles weich und zart ist.

Zwei Förmchen einfetten, die Hälfte vom Käse auf den Boden der Förmchen geben und die Pilz-Spinat-Mischung darüber verteilen.

Den restlichen Käse über dem Gemüse verteilen.

Über jedem Förmchen vorsichtig 2 Eier aufschlagen, sodass der Dotter intakt bleibt. Mit Salz und Pfeffer würzen und die gerösteten Pinienkerne darüber verteilen. Die Förmchen im Ofen 10–12 Minuten backen, bis das Eiweiß gestockt, die Eigelbe aber noch flüssig sind.

Die Eier in den Förmchen aus dem Ofen nehmen und vor dem Servieren jeweils mit einem Spritzer Olivenöl und dem Rest des gehackten Thymians garniert servieren.

Gefüllte Apfel-Hafer-Scones

»Morgen gehen wir zum Brunch!«, verkünden unsere Londoner Freunde jedes Mal, wenn wir sie in ihrem coolen kleinen Apartment in Shoreditch besuchen. Und unsere Londoner Freunde verstehen es, zu brunchen. Sie führen uns in trendige Smoothie-Cafés, kultige Burger-Buden und zu fröhlichen Hipster-Treffs inklusive Tischtennisturnier. Das ungewöhnlichste Frühstückslokal war ein bunkerähnlicher Bau mit weißem Mauerwerk und beeindruckend hohen Wänden, in dem ein Konzertpianist für stilvolle Hintergrundmusik sorgte. Abgesehen von den unterschiedlichen Locations lief das Ganze dann aber meist ähnlich ab: Unsere Freunde bestellten Bloody Mary und Sandwiches, Luise verspeiste Eier und Saft, und ich entschied mich für Scones und Kaffee. Die Scones, die ich zu Hause nachgebacken habe, unterscheiden sich etwas von denen, die wir in London probiert haben. Unser Rezept ist glutenfrei und vegan, die Scones sind aber ebenso süß, lecker und im Nu fertig. Für eine nicht vegane Version kann man Kokosfett und Mandelmus durch 125 g herkömmliche Butter ersetzen. – *David*

Trockene Zutaten

200 g glutenfreies Hafermehl (aus geriebenen Haferflocken)
150 g Buchweizenmehl (oder anderes Mehl Ihrer Wahl)
1 EL Pfeilwurzmehl (oder Maisstärke)
1 TL Backpulver
½ TL Backnatron
1 TL Meersalz

Feuchte Zutaten

75 g (5 EL) kalt gepresstes weiches Kokosfett
3 EL Mandelmus (alternativ anderes Nuss- oder Samenmus oder selbstgemachte Nussbutter)
250 ml Bio-Natur-Sojajoghurt, gentechnikfrei (oder anderer veganer Joghurt)
2 Speiseäpfel, samt Schale grob gerieben (ergibt etwa 175 g), überschüssigen Saft leicht herausdrücken

Den Backofen samt Backblech auf 230 °C (Gas Stufe 8) vorheizen. Die trockenen Zutaten in einer großen Schüssel vermischen. Kokosfett und Mandelmus zur Mehlmischung geben und alles mit den Fingern locker zu Streuseln verarbeiten.

Sojajoghurt und Äpfel hinzufügen und alles mit einem Kochlöffel vermengen, bis der Teig mit den Händen zu bearbeiten ist. Er darf leicht krümelig sein, soll aber zusammenhalten, wenn man ihn knetet. Vorsicht: nicht zu intensiv durchkneten, sonst werden die Scones hart. Wenn der Teig zu trocken ist, etwas mehr Joghurt dazugeben; wenn er zu feucht ist, etwas mehr Mehl untermengen. Den Teig auf einer bemehlten Arbeitsfläche zu etwa 2,5 cm Stärke flachdrücken. Mit einer 7,5 cm großen Ausstechform oder einem Glas Plätzchen ausstechen. Die Teigreste erneut verkneten, flachdrücken und weitere Scones ausstechen.

Backpapier auf das heiße Backblech legen und die Scones darauf verteilen. Die Scones im Ofen etwa 15 Minuten backen, bis sie außen knusprig und innen noch saftig sind. Das Blech aus dem Ofen nehmen und die Scones der Länge nach halbieren. Je eine Schnittfläche mit Fruchtkompott oder selbst gemachter Marmelade bestreichen, die Hälften wieder zusammensetzen und warm servieren. Nichts schmeckt köstlicher als diese Scones, wenn sie frisch aus dem Ofen kommen.

Orangenblüten-Kardamom-Joghurt à la Marrakesch

Die meisten Cafés und Straßenimbisse in Marrakesch sind stolz auf ihren selbst gemachten *raib*. Häufig ist der Joghurtdrink gesüßt und mit Orangenblüten- oder Rosenwasser verfeinert, wodurch er ein unverkennbar marokkanisches Aroma bekommt. Wenn Sie keinen selbst gemachten Joghurt verwenden, ist hochwertiger Kuh-, Ziegen- oder Pflanzenmilchjoghurt eine leckere Alternative.

Für den Drink
450 ml vollfetter Naturjoghurt, vorzugsweise mit Lebendkulturen
1–2 TL Orangenblütenwasser (oder Rosenwasser)
2 TL klarer Honig (vorzugsweise nicht erhitzt)
¼ TL gemahlener Kardamom

Für das Topping
frische Früchte, gewürfelt
ein paar Blätter frische Minze

Den Joghurt in einer Schüssel zunächst mit 1 TL Orangenblütenwasser (oder Rosenwasser), Honig und Kardamom verrühren und nach Belieben mit noch mehr Blütenwasser abschmecken.

Den *raib* auf 2 Gläser verteilen, mit frischen Früchten und Minzeblättern garnieren, Strohhalme und Dessertlöffel in die Gläser geben und sofort servieren.

Amaranth-Porridge mit karamellisierten Pflaumen

Ich bin mir ziemlich sicher, dass wir ein ganzes Buch über Porridge schreiben könnten. Wir essen Porridge oft und gerne zum Frühstück und lieben ihn in den unterschiedlichsten Variationen. Die *Buchweizen-Ingwer-Grütze* (in unserem ersten Buch) beispielsweise gehört zu unseren Favoriten, aber wenn uns der Sinn nach etwas besonders Cremigem steht, greifen wir zu diesem Amaranthrezept. Vor unserem Mexikoaufenthalt hatten wir Amaranth nur selten verwendet, aber dank der zahlreichen mexikanischen Amaranthgerichte kamen wir auf den Geschmack. Amaranth ist in Mexiko selbst im kleinsten Laden erhältlich. Das gesunde Pseudogetreide ist seiner peruanischen Cousine Quinoa recht ähnlich. Die gesunden kleinen Samenkörner sind glutenfrei und enthalten jede Menge essenzielle Aminosäuren, was sie für Veganer und Vegetarier besonders wertvoll macht. In Europa bekommt man Amaranth in Bioläden und in den Reform-Abteilungen der Supermärkte. Warme, karamellisierte Pflaumen sind unsere Lieblingsbeigabe zum Amaranth-Porridge. Wenn Pflaumen gerade keine Saison haben, kann man sie durch Äpfel, Birnen oder Pfirsiche ersetzen. – *Luise*

Für den Porridge
150 g Amaranthsamen
1 Prise feines Meersalz
120 ml ungesüßte Mandelmilch

Für die karamellisierten Pflaumen
1 EL weiches Kokosfett (oder Ghee)
4 Pflaumen, entsteint und in Viertel geschnitten
1 EL Ahornsirup

Zum Anrichten
4 EL ungesüßte Kokosflocken
optional etwas Mandelmilch
½ TL Zimt

Für den Porridge die Amaranthsamen mindestens 30 Minuten (bis zu 8 Stunden) in kaltem Wasser einweichen, dann gut spülen und das Wasser abgießen.

Das Amaranth mit Meersalz und 500 ml Wasser in einen Topf geben und das Ganze bei geschlossenem Deckel kurz aufkochen lassen. Die Hitze sofort reduzieren und den Porridge etwa 20 Minuten sanft köcheln lassen, bis er eine cremige Konsistenz hat.

Währenddessen in einer Pfanne auf mittlerer Stufe das Kokosfett erhitzen. Die Pflaumen und den Ahornsirup hinzufügen und die Pflaumen ein paar Minuten darin braten, bis sie weich sind und nach Karamell duften.

Den Amaranthbrei vom Herd nehmen und etwa 5 Minuten abkühlen lassen. Wenn sich der Porridge etwas gesetzt hat, die Mandelmilch einrühren, bis die gewünschte Konsistenz erreicht ist. Den Porridge auf Schüsselchen verteilen, mit den karamellisierten Pflaumen, den Kokosflocken, einem Schuss Mandelmilch und etwas Zimt garnieren und warm servieren.

Hält sich im Kühlschrank einige Tage.

Mexikanischer Frühstückssalat

Wir sind eine teils süße, teils herzhafte Familie, wenn es ums Frühstück geht. So sehr wir auch unsere Smoothies, Porridges und Müslis lieben – gelegentlich muss ein deftiges Frühstück auf den Tisch. Für uns sind die Mexikaner die Champions der würzigen Frühstücksküche. Als konsequente Vegetarier mussten wir in Mexiko aber auch unangenehme kulinarische Erfahrungen machen. In einem unserer Lieblingslokale bestellten wir Morgen für Morgen große Schüsseln mit Guacamole, schwarzen Bohnen, *Pico-de-Gallo-Salsa*, weich gekochten Eiern und Maistortillas. Es schmeckte himmlisch – bis David ein Stück Speck in seinen Bohnen fand. »Ich dachte, ich hätte eine vegetarische Variante bestellt?«, fragte er den Koch. »Ja, ja, das ist vegetarisch.« »Und was ist dann das?« »Keine Sorge. Die Bohnen sind nur mit Speck gekocht, der sorgt für mehr Geschmack. In Mexiko macht das jeder.« Das waren die letzten Bohnen, die David und ich auf dieser Reise aßen. Unsere Version des warmen mexikanischen Frühstückssalats ist durch die süße Mango, die pikanten Bohnen, die cremige Avocado, das Spiegelei, die frischen Kräuter und einen Hauch scharfer Jalapeños wunderbar ausgewogen, herzhaft und garantiert speckfrei. – *Luise*

Für den Salat

½ EL kalt gepresstes Olivenöl (alternativ Kokosfett, Ghee oder Butter)
¼ rote Zwiebel, fein gehackt
100 g getrocknete schwarze Bohnen, eingeweicht und gekocht (oder 1 Dose mit 400 g Abtropfgewicht)
1 Prise Chilipulver
1 Prise gemahlener Kreuzkümmel
1 Prise Meersalz
1 Avocado, geschält, den Kern herausgelöst und das Fruchtfleisch in Scheiben geschnitten
1 reife Mango, geschält, das Fruchtfleisch vom Kern gelöst und in Segmente geschnitten
Saft von ½ Limette
Blätter von 5 Zweigen frischem Koriander, grob zerpflückt

Für die Spiegeleier

½ EL kalt gepresstes Olivenöl (alternativ Kokosfett, Ghee oder Butter)
2 Eier

Zum Anrichten

2 EL eingelegte Jalapeños, abgetropft und in dünne Scheiben geschnitten

½ EL Olivenöl oder Kokosfett in einer Pfanne erhitzen und darin die gehackte Zwiebel samt Bohnen, Chili, Kreuzkümmel und Salz bei mittlerer Hitze unter Rühren ein paar Minuten anbraten. In eine Schüssel geben, mit den restlichen Zutaten vermengen und den Salat auf 2 Teller verteilen.

½ EL Olivenöl oder Kokosfett in einer Pfanne auf mittlerer Stufe erhitzen und die Eier darüber aufschlagen. Die Spiegeleier braten, bis die Eiweiße gestockt, die Dotter aber noch flüssig sind.

Die Spiegeleier und ein paar Jalapeño-Scheiben auf den Bohnensalat geben und sofort servieren.

Veganes Nuss-Samen-Brot

Da ich Dänin bin, ist es wenig verwunderlich, dass unsere Familienausflüge häufig nach Kopenhagen führen – und jedes Mal laden uns meine Großeltern zum traditionellen Smørrebrød-Essen ein. Dabei werden zu selbst gebackenem Roggenbrot diverse leckere Brotbeläge serviert (Marmeladen, Aufstriche, eingelegter Fisch, Gemüse und Eiersalate), mit denen der Gast nach Belieben sein Brot belegen kann. Seit in Dänemark die Paleo-Diät in Mode gekommen ist, ersetzen beim Smørrebrød-Essen seit Neuestem Nuss-, Samen- und Eierbrote das traditionelle Roggenbrot. Auch wenn meine Großeltern die konventionelle Version vorziehen und auch ich selbst die Roggenvariante niemals ganz aufgeben möchte, finde ich doch das Nussbrot wirklich genial. Wir haben das Originalrezept leicht abgewandelt, um es vegan zu machen. Für unser Rezept können Sie jede Art von Samen und/oder Nüssen verwenden, als Ei-Ersatz dient Flohsamenschalenpulver, das man in Bioläden oder übers Internet beziehen kann. Das Brot schmeckt auch mit geraspeltem Gemüseanteil aus Karotten, Zucchini, Roter Bete oder Äpfeln hervorragend. – *Luise*

2 EL Flohsamenschalenpulver
100 g Mandeln
100 g Haselnüsse
100 g Sonnenblumenkerne
100 g Leinsamen
100 g Sesamsamen
100 g Kürbiskerne
1 TL feines Meersalz
3 EL kalt gepresstes Kokosfett, zerlassen (oder Olivenöl), plus etwas zum Einfetten der Form
optional 1 Handvoll Rosinen oder gehackte dunkle Schokolade

Den Backofen auf 180 °C (Gas Stufe 4) vorheizen.

Flohsamenschalenpulver mit 350 ml Wasser in einer Schüssel gut verrühren und etwa 5 Minuten quellen lassen, bis sich ein dickes Gelee gebildet hat.

Inzwischen in einer Rührschüssel Nüsse, Samen, Salz, Öl (und für eine köstliche süße Variante nach Belieben Rosinen oder Schokolade) in einer Rührschüssel miteinander vermengen. Das Flohsamen-Gelee dazugeben und alles mit den Händen sorgfältig vermischen, damit das Brot später keine geleeartigen Klumpen bildet. Den Teig für 1 Stunde ruhen lassen (optional, verbessert aber das Ergebnis), in eine eingefettete Kastenform (30 × 10 cm) füllen und 60–70 Minuten im Ofen backen.

Um Brot-Muffins zu backen, kann man den Teig auch mit dem Löffel in eine eingefettete Muffinform mit 12 Vertiefungen füllen und 45–50 Minuten backen.

Das Brot aus dem Ofen nehmen und komplett auskühlen lassen (das fällt nicht leicht, ist aber sehr wichtig!), bevor man es anschneidet. In ein sauberes Geschirrtuch gewickelt hält es sich im Kühlschrank bis zu 1 Woche. Man kann es auch gut einfrieren.

Tipp: Im originalen Paleo-Rezept werden (anstelle des in Wasser gelösten Flohsamenschalenpulvers) einfach 5 Eier in den Teig gerührt. Den Teig für 1 Stunde ruhen zu lassen erübrigt sich bei dieser nicht veganen Variante, da das Ei die Zutaten stärker bindet.

Roggen-Schoko-Croissants

In den sechs Monaten, die ich in Rom lebte, tat ich alles, um ein »italiano vero« (echter Italiener) zu werden. Das war nicht immer einfach, denn dazu musste ich sogar in dunklen Bussen eine Sonnenbrille tragen, an meinem Hemd immer einen Knopf mehr aufknöpfen und ausgiebig mit den Händen gestikulieren. Aber das Italiener-Sein hatte auch viele angenehme Momente, insbesondere beim Frühstück. Cappuccino und *cornetto* (das italienische Wort für Croissant) gehören in Italien zu jedermanns Morgenroutine, also nahm ich sie auch in meine auf. Ich bestellte oft *cornetto integrale*, in der Annahme, die gesündere Vollkornvariante zu wählen, doch die leckeren Hörnchen enthielten allenfalls anteilig Vollkornmehl. In meiner Rezeptversion verleiht vollwertiges Dinkel- und Roggenmehl den Hörnchen mehr Nussigkeit und Charakter. Vollkorncroissants sind ein bisschen knifflig herzustellen. Da der Teig wegen des niedrigeren Glutengehalts weniger elastisch ist, muss man ihn so zügig wie möglich und immer gut gekühlt bearbeiten. Praktischerweise kann man die Hörnchen gut am Vorabend vorbereiten, sodass man sie morgens nur noch in den Ofen schieben muss. Beginnen Sie aber früh genug mit der Teigzubereitung, wenn Sie vor Mitternacht ins Bett wollen. Die abgeschnittenen Teigreste können Sie dann zu Scones formen und gleich bei 200 °C (Gas Stufe 6) backen und vernaschen (als Belohnung für das ausgiebige abendliche Teigrollen). – *David*

80 g Roggenmehl plus etwas Mehl zum Bestäuben
185 g Dinkelmehl
1 EL kalt gepresstes Olivenöl
175 ml gentechnikfreie Soja- oder andere Milch
1 EL Ahornsirup
2 TL aktive Trockenhefe
½ TL Salz
125 g kalte Butter
4 EL selbst gemachter Kakao-Haselnuss-Creme (Seite 239) oder 50 g dunkle Schokolade, fein gehackt
1 Ei, verquirlt, zum Bepinseln

Die beiden Mehlsorten in eine Schüssel sieben, vermischen und beiseitestellen.

Öl, Milch und Ahornsirup in einem kleinen Topf bei geringer Hitze leicht anwärmen und in eine große Rührschüssel geben. Trockenhefe und Salz zugeben und mit dem Rührgerät oder in der Küchenmaschine alles gut vermischen. Ein Viertel der Mehlmischung löffelweise einarbeiten und den Teig 10 Minuten ruhen lassen, bis sich Blasen bilden. Den Rest des Mehls nach und nach zugeben und alles zügig zu einem festen Teig verkneten (1–2 Minuten sollten ausreichen). Die Schüssel abdecken und den Teig 1 Stunde bei Raumtemperatur gehen lassen.

Den Teig auf eine bemehlte Arbeitsfläche stürzen, flachdrücken, mit etwas Mehl bestäuben, zu einem festen Quadrat zusammenfalten, in Frischhaltefolie wickeln und für 30 Minuten in den Kühlschrank geben.

Den Teig aus dem Kühlschrank nehmen, auf eine leicht bemehlte Arbeitsfläche legen und zu einem Rechteck (etwa 30 × 20 cm) ausrollen.

Mit einem Hobel (oder Messer) dünne Flocken von der Butter abschaben und damit zwei Drittel der Teigfläche belegen, sodass ein Drittel (etwa 10 × 20 cm) unbedeckt bleibt. Die unbedeckte Teigfläche über die mit Butter bedeckte Fläche falten, dann das letzte Teigdrittel über die beiden anderen Teigflächen schlagen, sodass nach außen hin keine Butter mehr zu sehen ist (am besten wie ein Briefkuvert). Den Teig um 90° drehen, erneut zu einem Rechteck ausrollen, die Teigdrittel wieder übereinanderfalten, den Teig in Frischhaltefolie wickeln und für 1 Stunde in den Kühlschrank geben. Den Teig aus dem Kühlschrank nehmen und die Folie entfernen. Den Teig nochmals ausrollen und zusammenfalten, einwickeln und für 1 Stunde kühl stellen.

Den Teig wieder auswickeln und erneut auf einer leicht bemehlten Arbeitsfläche zum Rechteck (etwa 30 × 20 cm) ausrollen. Die Ränder mit einem scharfen Messer begradigen, den Teig in vier gleich große Rechtecke schneiden und diese diagonal in acht Dreiecke teilen.

Je Teigdreieck die kürzeste Ecke etwas länger ziehen, um drei etwa gleich lange Seiten zu erhalten.

1 gehäuften TL Kakao-Haselnuss-Creme oder dunkle Schokolade in die Mitte eines Dreiecks setzen. Den Teig von der Basis aus mit sanftem Druck einrollen und auf ein mit Backpapier ausgelegtes Backblech setzen. Die restlichen Croissants ebenso formen und mit genügend Abstand auf das Blech setzen.

Mit einer eingeölten Frischhaltefolie abdecken und über Nacht in den Kühlschrank stellen (falls Ihr Kühlschrank nicht groß genug für das Backblech sein sollte, die Croissants mit etwas Abstand auf einen Teller setzen, abdecken und auf diese Weise kühl stellen).

Am Morgen die Croissants aus dem Kühlschrank nehmen und die Folie entfernen. Die Croissants mit einem sauberen, leicht angefeuchteten Geschirrtuch bedecken und etwa 1 Stunde an einem warmen Ort gehen lassen.

Kurz vor Ende der Gehzeit den Backofen auf 200 °C (Gas Stufe 6) vorheizen.

Jedes Croissant mit verquirltem Ei bepinseln und 20–25 Minuten backen, bis die Hörnchen golden schimmern und eine blasigblättrige Kruste haben.

Tipp: Die Croissants schmecken auch ohne oder mit pikanter Füllung wunderbar: Pesto eignet sich sehr gut, Käse und Senf sind weitere Klassiker. Ersetzt man das Dinkelmehl durch herkömmliches Allzweckmehl, werden die Croissants noch luftiger und blättriger (sind aber weniger vollwertig).

Kürbis-Mandel-Waffeln

Vor unserer ersten Amerikareise hatten wir Kürbisse meist nur zur Dekoration und selten in der Küche verwendet. Das rundliche Gemüse wird zwar auch in Europa angebaut, ist hier aber nicht ganz so beliebt wie in den Staaten, wo es in unglaublich vielen kreativen Rezepten (ob süß oder herzhaft) verwendet wird. Auf unserer Reise entlang der Westküste (zur Zeit der Kürbisernte) aßen wir Kürbispasteten, Kürbiskuchen, Kürbismuffins, Kürbissuppen, Kürbissalate, Kürbispfannkuchen und tranken sogar Kaffee mit Kürbisaroma. Unter den süßen Spezialitäten schmeckten uns die gehaltvollen Kürbiswaffeln, die wir in einem Diner südlich von Big Sur in Kalifornien kennenlernten, besonders gut. Sie wurden mit Ahorn-Butter serviert, und nach der dritten Portion lagen wir für den Rest des Tages regelrecht im Waffelkoma. Unsere Waffeln sind ähnlich gewürzt, sind aber durch die Verwendung von Mandelmehl und Buttermilch etwas leichter. Da sie dennoch sehr sättigend sind, genügen normalerweise zwei Waffeln pro Person. Wenn Kürbis gerade keine Saison hat, kann man ihn durch eine entsprechende Menge pürierte reife Bananen ersetzen.

Für den Waffelteig

1 kleiner Speisekürbis à 700 g (oder 500 g Kürbispüree)
6 Eier
250 ml Buttermilch
210 g Mandelmehl
60 g Buchweizenmehl
2 EL Ahornsirup (oder klarer Honig, vorzugsweise nicht erhitzt), plus etwas zum Servieren
1½ TL Backpulver
1 TL Zimt
1 TL gemahlener Ingwer
½ TL gemahlene Gewürznelken
½ TL Meersalz

Zum Ausbacken

etwas Kokosfett (oder Butter)

Zum Anrichten

Naturjoghurt
Rohe Himbeer-Chia-Marmelade (Seite 232)

Den Backofen auf 200 °C (Gas Stufe 6) vorheizen. Den Kürbis mit einem scharfen Messer halbieren und mit einem Löffel die Kerne entfernen. Die Kürbishälften mit der Schnittfläche nach unten auf ein Backblech legen und 30–40 Minuten backen, bis die Haut Blasen wirft, leicht gebräunt ist und das Fleisch weich ist. Die Hälften aus dem Ofen nehmen und abkühlen lassen. Das Kürbisfleisch mit einem Löffel auslösen, in eine Schüssel geben und mit der Gabel (oder dem Mixstab) pürieren.

Die Eier in einer großen Schüssel mit dem Handrührgerät oder in der Küchenmaschine schaumig rühren. Das Kürbispüree mit 120 ml Wasser und den restlichen Zutaten vermengen. Dann den Teig für 15 Minuten im Kühlschrank ruhen lassen, damit er beim Backen besser zusammenhält.

Das Waffeleisen anheizen und die Backflächen sparsam mit Öl oder Butter einfetten. Etwa 4 EL Teig auf die untere Fläche geben und den Deckel schließen. Nach etwa 1½ Minuten den Deckel vorsichtig anheben und die Waffel mit einer Gabel vom Eisen lösen. Die restlichen Waffeln ebenso backen, auf Teller geben und mit Joghurt, Himbeer-Chia-Marmelade und Ahornsirup servieren.

Chia-Erdbeer-Pudding

So sehr wir es auch lieben zu reisen und uns durch die Köstlichkeiten anderer Länder zu schlemmen, ist es doch immer ein schönes Gefühl, nach Hause in die eigene Küche zu kommen. Nachdem uns die unterschiedlichsten Aromen aus aller Welt schier überwältigt haben, ist dieser milde *Chia-Erdbeer-Pudding* zu Hause genau das Richtige für uns. Er ist frisch, leicht und zugleich gehaltvoll, süß und nahrhaft. Chiasamen verfestigen wie von Zauberhand jede Flüssigkeit zu einem cremigen Gelee. Wir essen Chia-Puddings oft und gerne zum Frühstück, als Snack oder als Dessert. Sie liefern viel Protein, enthalten dank ihres hohen Faseranteils jede Menge gesunde Ballaststoffe, reichlich Omega-3- und Omega-6-Fettsäuren und wirken antioxidativ.

Für den Pudding

400 ml ungesüßte Mandelmilch (oder andere Pflanzenmilch Ihrer Wahl)
50 g Chiasamen
½ TL Vanilleextrakt (oder gemahlene Vanille)
1 kleine Prise Meersalz

Für die Erdbeersauce

200 g Erdbeeren (im Winter tiefgekühlte Bio-Erdbeeren)
4 Backpflaumen, entsteint und grob gehackt

Für das Topping

1 Kiwi, geschält und gewürfelt
1 Apfel, gewürfelt
1 Avocado, geschält, den Kern herausgelöst und das Fruchtfleisch in Würfel geschnitten
ein paar Kakaonibs
ein paar Blätter frische Minze, grob gehackt

Milch, Chiasamen, Vanille und Salz in eine Schüssel geben und gut verrühren. Die Mischung auf 2 hohe Gläser verteilen und zum Quellen (am besten über Nacht) in den Kühlschrank stellen, bis sie eine geleeartige Konsistenz hat.

In der Zwischenzeit alle Zutaten für die Erdbeersauce sowie einen Spritzer Wasser in einen kleinen Topf geben, kurz aufkochen und 10 Minuten bei geringer Hitze köcheln lassen. Die Mischung in eine Schüssel geben, mit einer Gabel zerdrücken und im Kühlschrank abkühlen lassen.

Die gekühlten Puddinggläser mit einer Schicht Erdbeersauce und Früchten auffüllen, mit Kakaonibs und Minze garnieren und servieren.

Pudding und Erdbeersauce halten sich im Kühlschrank etwa 3–5 Tage.

Tipp: Mit zusätzlich ½ zermusten Banane in der Chia-Mischung wird der Pudding süßer.

KAPITEL 2

FINGERFOOD & SNACKS

Halloumi-Veggie-Burger

Es ist ein weitverbreiteter Irrtum, dass man nur zwei gebratene Scheiben Halloumi-Käse, etwas frische Gurke, Tomate und Salat in ein Brötchen legen muss, und schon hat man einen Halloumi-Burger. Ich stimme sofort zu, dass dies ein schneller und schmackhafter Leckerbissen ist – aber ein Burger? Ach was! Probieren Sie doch mal folgende Variante aus: Raspeln und vermischen Sie Käse, Karotten, Zucchini mit etwas gehackter frischer Minze. Formen Sie aus der Mischung kleine Frikadellen und braten Sie sie ein paar Minuten lang auf jeder Seite in einer Pfanne. Wir entdeckten diese umwerfend knackigen Halloumi-Burger auf einem Londoner Sonntagsmarkt. Dort bekamen wir sie fast genau so serviert, wie wir sie hier vorstellen: in knackigen Kohl gewickelt und mit einem leckeren Joghurt-Dressing. Da die Frikadellen nur aus Gemüse, Käse und Minze bestehen, wirken sie vor dem Braten ziemlich locker, die Zutaten verbinden sich durch die Hitze aber gut miteinander.

Für 6 Frikadellen
1 kleine Zucchini (200 g)
1 große Karotte (150 g)
200 g Halloumi-Käse
Blätter von 5 Zweigen frischer Minze, gehackt

Für das Tahini-Dressing
120 ml Naturjoghurt
2 EL Tahini (Sesampaste)
2 EL Limettensaft
1 TL Ahornsirup (oder klarer Honig, vorzugsweise nicht erhitzt)
1 Prise Meersalz

Zum Anrichten
große grüne Blätter, z. B. Kohl- oder Salatblätter
Erbsensprossen
Avocados, geschält, jeweils den Kern herausgelöst und das Fruchtfleisch in Segmente geschnitten
Sauerkraut (rohes fermentiertes Kraut)

Zucchini, Karotte und Halloumi auf der gröbsten Seite der Vierkantreibe raspeln. In eine Schüssel geben, die Minze hinzufügen und mit den Händen alles gut vermischen.

Für das Dressing alle Zutaten in einer kleinen Schüssel verrühren.

Eine antihaftbeschichtete Pfanne bei mittlerer Hitze erwärmen.

Aus 1/6 der Gemüse-Käse-Mischung in den hohlen Händen eine Frikadelle formen, dabei eventuell austretende Flüssigkeit herauspressen. Die Frikadelle in die Pfanne geben und mit einem Pfannenwender in Form drücken. Die restlichen 5 Frikadellen ebenso herstellen und ohne Fettzugabe einige Minuten auf nur einer Seite braten, bis der schmelzende Käse das Gemüse zusammenhält. Dann die Frikadellen wenden und auch auf der anderen Seite goldbraun braten.

1 Frikadelle in je einem großen Kohl- oder Salatblatt mit einem Klecks Dressing, ein paar Erbsensprossen, Avocadoscheiben und einem Löffel Sauerkraut servieren.

Frikadellen und Dressing halten sich im Kühlschrank 3–5 Tage.

Knusprige Auberginen mit Honig & Limette

Berenjenas con miel (frittierte Auberginen mit Honig) lernten wir in einem Tapaslokal in Barcelona kennen. Wir lieben die Schlichtheit dieses Rezepts und die Art und Weise, wie hier einfachste Zutaten miteinander kombiniert werden. Knusprige Panade umhüllt saftige Auberginenstücke, und die Süße des Honigs harmoniert wunderbar mit der Frische der Limette. In unserem Rezept backen wir die Auberginenstücke im Ofen, anstatt sie zu frittieren – so werden sie auch mit nur wenig Öl außen knusprig und innen butterweich.

1 große Aubergine
500 ml Milch (Ihrer Wahl)
150 g Polentagrieß (gentechnikfreier feiner Bio-Maisgrieß)
2 TL grobes Meersalz
etwas kalt gepresstes Olivenöl

Zum Anrichten
abgeriebene Schale von 2 Bio-Limetten
2 EL klarer Honig (vorzugsweise nicht erhitzt)

Die Aubergine in etwa 7,5 cm lange, fingerdicke Stücke schneiden, in eine große Schüssel geben. Die Stücke mit der Milch übergießen und etwa 1 Stunde ziehen lassen, damit dem Gemüse die Bitterstoffe entzogen werden.

Den Backofen auf 220 °C (Gas Stufe 7) vorheizen.

Den Grieß auf einem tiefen Teller mit dem Meersalz vermischen. Die Auberginenstücke aus der Milch nehmen, im Grieß wenden, bis sie gleichmäßig damit bedeckt sind, und auf ein mit Backpapier ausgelegtes Backblech legen. Die panierten Auberginenstücke mit etwas Olivenöl beträufeln und etwa 12 Minuten im Ofen backen, bis sie außen goldbraun knusprig und innen weich sind. Die Auberginenstücke mit Limettenschale bestreut und mit Honig beträufelt warm servieren.

Linsen-Erdbeer-Tacos

Taco-Traditionalisten wird dieses Rezept möglicherweise etwas verwundern, denn vom Original ist unsere Version weit entfernt. So sehr wir auch all die Gemüse-Tacos und Käse-Enchiladas schätzen, die in mexikanischen Restaurants und an südkalifornischen Imbisswagen angeboten werden – für dieses Buch fanden wir sie dann doch etwas zu fettig. Daher entwickelten wir eine leichte, vegane Taco-Alternative mit einer knackig frischen Füllung aus Linsen, Kohl, pürierten Avocados und Erdbeeren und einer würzigen *Pico-de-Gallo-Salsa*.

8 gentechnikfreie Maistortillas

Für die Füllung
200 g Belugalinsen
1 Prise Meersalz
½ kleiner Weißkohl, in dünne Streifen geschnitten
1 Handvoll frische Erdbeeren, in Scheiben geschnitten
1 EL kalt gepresstes Olivenöl
Meersalz und Pfeffer aus der Mühle
2 EL Hanfsamen (nach Belieben)
2 Avocados, halbiert und den Kern entfernt
ein Spritzer Limettensaft (oder Zitronensaft)

Zum Anrichten
Pico-de-Gallo-Salsa (Seite 234)
1 Handvoll Sprossen (oder Keimlinge) zum Bestreuen

Die Belugalinsen in einem Sieb mit lauwarmem Wasser abspülen und in einen Topf geben. 450 ml Wasser und 1 Prise Meersalz hinzufügen, bei geschlossenem Deckel kurz aufkochen und etwa 20 Minuten köcheln lassen, bis die Linsen weich sind. Die Belugalinsen abgießen und abkühlen lassen.

Den Kohl mit den Erdbeeren und den Linsen in eine Schüssel geben, mit Olivenöl beträufeln und mit Salz und Pfeffer abschmecken. Nach Belieben Hanfsamen hinzufügen und alles mit den Händen vermischen.

Das Fruchtfleisch der Avocados mit dem Löffel auslösen und in einer Schüssel zusammen mit einem Spritzer Limetten- oder Zitronensaft mit der Gabel zerdrücken.

Die Tortillas in der Pfanne oder im Ofen erwärmen.

Zum Anrichten je eine Tortilla mit etwas Avocadomus, einem Löffel *Pico-de-Gallo-Salsa* und ein paar Löffeln der Linsenfüllung belegen und mit ein paar Sprossen oder Keimlingen bestreuen.

Die Tortillas an den Enden umschlagen und längs zusammenklappen, damit man die Tacos aus der Hand genießen kann.

Summer Rolls mit Zitronengras & Kokos

Summer Rolls (auch *Fresh Spring Rolls* oder *Glücksrollen* genannt), waren schon lange vor unserer Vietnamreise ein Lieblingsgericht unserer Familie. Es gibt einfach keinen frischeren Snack für zwischendurch: knackige Salatblätter, frische Kräuter und diverse andere leckere Zutaten werden in zartes Reispapier gewickelt und in würzige Saucen gedippt. In Vietnam lernten wir, wie man Tofu mit Zitronengras mariniert und dass Kokosflocken sowohl den Geschmack als auch die Konsistenz der delikaten Rollen noch verfeinern können.

Für den marinierten Tofu

200 g gentechnikfreier Bio-Tofu
2 Stängel Zitronengras, zerstoßen und sehr fein gehackt
Saft von 1 Limette
1 TL Ahornsirup
2 TL gentechnikfreie Bio-Sojasauce

Für den Dip

25 g Erdnüsse
2 EL Reisessig
2 EL gentechnikfreie Bio-Sojasauce
1 EL Ahornsirup

Zum Anrichten

1 Packung Reispapier
1 Kopfsalat, die Blätter abgelöst und gewaschen
1 große Handvoll frische Minzeblätter
1 große Handvoll frische Korianderblätter
1 Salatgurke, in Stifte geschnitten
1 Mango, geschält, das Fruchtfleisch vom Kern gelöst und in Stifte geschnitten
30 g ungesüßte, getrocknete Kokosflocken
30 g Sprossen (Mungbohnen-, Broccoli-, Erbsen- oder Alfalfasprossen)

Den Tofu mit Küchenpapier trocken tupfen, in dicke Stifte schneiden und auf einen tiefen Teller legen. Zitronengras, Limettensaft, Ahornsirup und Sojasauce miteinander vermengen und über den Tofu geben. Den Tofu mindestens 30 Minuten in der Marinade ziehen lassen, dabei einmal wenden.

Für den Dip die Erdnüsse in einer Pfanne leicht anrösten, aus der Pfanne nehmen, abkühlen lassen und fein hacken. In einer kleinen Schüssel mit 2 EL kaltem Wasser und den restlichen Zutaten für den Dip verrühren.

Alle Zutaten zum Anrichten in separaten Schüsseln mit dem Reispapier und einer Schüssel mit warmem Wasser neben ein Schneidebrett stellen. Ein Blatt Reispapier für ein paar Sekunden in das warme Wasser tauchen, bis es weich ist.

Das Reispapier auf das Schneidebrett legen. Ein Salatblatt darauflegen und mit ein paar Minze- und Korianderblättern, Gurken- und Mangostiften, Kokosflocken, Sprossen und einem marinierten Tofustift belegen. Salatblatt und Reispapier darüberschlagen, die Füllung vorsichtig festdrücken, Salatblatt und Reispapier an den Seiten einklappen und dann aufrollen. Die Rolle auf eine Servierplatte legen. Auf dieselbe Art die restlichen Rollen anfertigen.

Die *Summer Rolls* zusammen mit dem Dip servieren.

2567 TS

Gegrillte Maiskolben mit Limetten-Kräuterbutter

Gegrillte Maiskolben können so saftig sein, dass es beim Reinbeißen geradezu spritzt. Wir haben die köstlichen Kolben in fast allen Teilen der Welt probiert und Tricks gesammelt, wie ihre Zubereitung besonders gut gelingt. Der erste (und wichtigste) Kniff besteht darin, frische Maiskolben mit großen, runden und hellgelben Körnern auszuwählen, denn in dunkleren Körnern wurde bereits Zucker in Stärke umgewandelt und sie schmecken weniger süß. Ein weiterer Trick ist es, die Kolben vor dem Grillen (inklusive Hüllblätter) in Wasser einzuweichen, dadurch bleiben die Maiskörner beim Grillen saftig und werden leicht gedämpft. Die Methoden schließlich, wie man der Sache die richtige Würze gibt, sind sehr unterschiedlich: Die Varianten reichen von deftigen Maiskolben mit Käse, Mayonnaise und Koriander in Mexiko bis hin zu süßen, mit Chili abgeschmeckten in Asien. Wir mögen unsere Maiskolben am liebsten mit selbst gemachter Kräuterbutter und schwarzem Pfeffer.

4 gentechnikfreie Zuckermaiskolben (inklusive Hüllblätter)

Für die Kräuterbutter
1 große Handvoll frische Kräuter (Basilikum, Rosmarin, Schnittlauch, Salbei, Thymian, Petersilie etc.), gemischt
125 g weiche Butter
abgeriebene Schale von 1 Bio-Limette
Meersalz und schwarzer Pfeffer aus der Mühle

Die Kräuter sehr fein hacken und in einer Schüssel mit Butter, Limettenschale, Salz und Pfeffer verrühren. Die Butter in einem Stück Backpapier rollenförmig einwickeln und die Papierenden zusammendrehen, um das Päckchen zu verschließen. Dann die Kräuterbutter im Kühlschrank fest werden lassen (oder, falls man es eilig hat, für etwa 10 Minuten ins Tiefkühlfach geben).

Die Maiskolben (mitsamt den Hüllblättern) für etwa 15 Minuten in kaltem Wasser einweichen. Die Kolben aus dem Wasser nehmen und mit der Spitze nach unten trocken schütteln.

Den Grill anheizen oder eine Grillpfanne auf höchster Stufe erhitzen. Die Maiskolben samt Hüllblättern auf den Grillrost oder in die Grillpfanne legen und 15–20 Minuten unter gelegentlichem Wenden braten, bis sie rundum schön gemustert, aber nicht verbrannt sind.

Die Hüllblätter entfernen und die Kolben sofort mit dicken Scheiben Kräuterbutter garniert servieren.

Satay-Spieße mit Tempeh & Papaya

Vor einigen Jahren schlemmten Luise und ich uns ein paar Wochen lang als Rucksacktouristen durch die Garküchen der indonesischen Insel Bali. Wir kosteten knusprige *cassava*-Chips und cremige Erdnussbutter, aßen duftende Reisgerichte, schnupperten an stinkenden Durians und verspeisten die unterschiedlichsten Gemüsespieße. Dabei lernten wir auch Tempeh kennen und lieben: ein meist aus Sojabohnen hergestelltes indonesisches Fermentationsprodukt. Der kernige, bissfeste Fleischersatz ist eine insbesondere bei Vegetariern beliebte Eiweißquelle, denn der zur Fermentierung genutzte Pilz schließt die Proteine der Bohnen auf und macht sie besser bekömmlich. Frischen oder tiefgekühlten Tempeh bekommt man in vielen Bioläden oder übers Internet. Wir marinieren ihn in einer süßen Sojasauce und grillen ihn zusammen mit Papaya auf Spießen. Wenn Papayas noch nicht ganz reif sind, mangelt es ihnen zuweilen an Aroma, aber durch das Braten wird ihr Geschmack intensiviert und sie schmecken einfach köstlich. – *David*

Für den Erdnussbutter-Kokos-Dip

4 EL Erdnussbutter (oder Mandelmus)
120 ml vollfette Kokosmilch
ausgepresster Saft von 1 Limette
½ TL gemahlener Koriander
½ TL gemahlener Kreuzkümmel

Für die Satay-Spieße

225 g gentechnikfreier Tempeh (frisch oder tiefgekühlt)
2 EL gentechnikfreie Sojasauce
2 EL Ahornsirup
1 TL frischer Ingwer, gerieben
½ kleine Papaya, geschält und von den Kernen befreit (alternativ Khaki, Ananas oder Pfirsich)

Zum Anrichten

ein paar ganze Salatblätter
1 Handvoll frische Minzeblätter, grob gehackt
1 Handvoll frische Korianderblätter, grob gehackt
1 Limette, in Viertel geschnitten

Alle Zutaten für den Dip in einen kleinen Topf geben und bei geringer Hitze unter Rühren erwärmen, bis sich alles gut verbunden hat. In eine kleine Schüssel umfüllen, abkühlen lassen und bis zum Servieren in den Kühlschrank stellen.

Den Tempeh und die Papaya in möglichst gleich große Stücke schneiden.

Sojasauce, Ahornsirup und Ingwer in einer ausreichend großen Schüssel miteinander verrühren und die Tempehstücke in die Marinade legen. Die Stücke mehrmals in der Marinade wenden und 10 Minuten durchziehen lassen.

Die Papaya- und Tempehstücke auf Spieße stecken (falls Holzspieße verwendet werden, diese zuvor ein paar Minuten in Wasser legen), entweder abwechselnd oder separat.

Die Spieße in einer antihaftbeschichteten Pfanne auf jeder Seite einige Minuten anbraten (oder 3–5 Minuten grillen), dabei gelegentlich mit der restlichen Marinade beträufeln.

Zusammen mit dem Dip, den Salat-, Minze- und Korianderblättern und den Limettenvierteln servieren.

R2
la Repubblica

Gebackene Rosmarin-Kastanien

Da mein Stiefvater Italiener ist, verbrachte ich als Kind viele Sommer und Weihnachten in Süditalien. Ich habe viele schöne, mit Essen verbundene Erinnerungen an diese Tage – meistens versetzen sie mich in die gemütliche Küche meiner *nonna* (Großmutter) zurück. Doch in einer Szene, die mir immer wieder zur Adventszeit in den Sinn kommt, spaziere ich mit meiner Familie durch die Straßen Neapels, und wir kaufen von Straßenhändlern geröstete Esskastanien. Und obwohl das schon viele Jahre her ist, weiß ich immer noch genau, wie ich die Papiertüte mit den heißen Kastanien in der Hand gehalten habe: nach frischem Rosmarin duftend und mit Butter, Salz und frischer Zitronenschale verfeinert. – *Luise*

500 g frische Esskastanien, mit Schalen
10 kleine Stückchen Butter
4 Zweige frischer Rosmarin, in kleinere Stücke zerteilt
1 EL grobes Meersalz
abgeriebene Schale von 1 Bio-Zitrone

Den Backofen auf 180 °C (Gas Stufe 4) vorheizen.

Mit einem scharfen Messer vorsichtig je ein Kreuz in die runde Seite der Kastanien schneiden.

Die Kastanien in eine Auflaufform legen und Butter, Rosmarin, Salz und Zitronenschale darübergeben.

Die Kastanien im Ofen etwa 35 Minuten bzw. so lange backen, bis sich die Schalen leicht geöffnet haben und die Kastanien innen goldgebräunt sind.

Am besten schmecken die gebackenen Maroni frisch aus dem Ofen, sie eignen sich aber auch hervorragend als Topping für Salate.

4 PORTIONEN / GLUTENFREI

Masala Dosa

»Wie sieht das aus?«, fragt Luise, während sie ihren Kopf von rechts nach links kippt, um das indische Kopfwackeln zu imitieren. Die Geste wirkt recht überzeugend – oder eher verwirrend. Denn das Wackeln kann »Ja!« ebenso bedeuten wie »Okay, ich höre dich!« oder sogar »Nein!«. Auf dem Rückflug von Trivandrum in Südindien reden wir darüber, was wir nach unserer Indienreise am meisten vermissen werden. »Ich werde definitiv vermissen, dass man mit den Händen essen darf«, gebe ich zu. »Ha! Deshalb fühlst du dich dort so zu Hause.« Und Luise hat recht. Ich habe schon immer lieber mit den Händen gegessen als mit Messer und Gabel, und in Indien hält mich niemand deswegen für seltsam. »Ich werde die Frühstücks-Dosa vermissen«, seufzt Luise. Die pikanten, mit Erbsen- und Kartoffelmus gefüllten indischen Linsenpfannkuchen hatten wir sowohl zum Frühstück als auch als Straßenimbiss gerne gegessen. Als wir uns nach dem Rezept erkundigten, staunten wir nicht schlecht über die diversen, ziemlich aufwändigen Schritte der Zubereitung: Reis und Linsen müssen eingeweicht, zu einem Teig verarbeitet und fermentiert werden – nicht gerade geeignet für ein schnelles Frühstück zu Hause. Daher haben wir für dieses Buch eine unkompliziertere Dosa-Version aus Kichererbsen- und braunem Reismehl kreiert. – *David*

Für die Füllung

1 TL Ghee (oder Kokosfett) zum Braten
1 Zwiebel, fein gehackt
1 TL Garam Masala
¼ TL gemahlener Ingwer
¼ TL gemahlene Kurkuma
¼ TL Chilipulver
2 Süßkartoffeln, gekocht, geschält und in Würfel geschnitten
150 g frisch gepalte (oder aufgetaute tiefgekühlte)Erbsen
1 Handvoll frischer Koriander, grob gehackt

Für 4 Pfannkuchen

125 g Kichererbsenmehl
40 g braunes Reismehl
1 TL Meersalz
optional 1 EL Schwarzkümmelsamen
etwas Ghee (oder Kokosfett) zum Braten

Für das Minze-Kokos-Raita

6 EL Naturjoghurt (oder eine vegane Alternative)
20 g frische Minzeblätter, fein gehackt
4 EL ungesüßte, getrocknete Kokosraspeln

Zum Anrichten

1 Rezeptmenge Mango-Rosinen-Chutney (Seite 243)

Ghee oder Kokosfett in einer Pfanne bei mittlerer Hitze erwärmen. Zwiebelwürfel und Gewürze zugeben und unter Rühren anbraten, bis sie duften. Die gekochten Süßkartoffeln und Erbsen hinzufügen, unter Rühren erhitzen, vom Herd nehmen und mit einem Kartoffelstampfer grob zerdrücken. Das Mus mit gehacktem Koriander bestreuen und beiseitestellen.

Für das Raita alle Zutaten in einer kleinen Servierschüssel vermischen. Für eine lockerere Konsistenz nach Belieben noch mehr Joghurt einrühren. Bis zum Servieren kühl stellen. Im Kühlschrank hält es sich ein paar Tage.

Für die Dosa in einer Schüssel die beiden Mehlsorten mit Salz (und nach Belieben mit Schwarzkümmel) vermischen. Nach und nach mit dem Rührgerät 250 ml Wasser einrühren und alles zu einem dickflüssigen Teig verarbeiten.

Etwas Ghee oder Kokosfett in einer Pfanne bei mittlerer Hitze erwärmen. Etwa ein Viertel des Teigs in die Pfanne geben und mit einem Löffel zum Kreis ausstreichen. Sobald die Dosa unten goldbraun ist, wenden. Aus der Pfanne gleiten lassen, warm stellen und die restlichen Dosa ausbacken.

Die Dosa mit etwas Süßkartoffelfüllung belegen, zusammenrollen und auf Tellern mit Raita und Chutney anrichten.

VORSPEISEN & SALATE

STIVEX
is.

Sommerlicher Kirschsalat

Da Davids Familie eine Wohnung in Barcelona hat, ist diese quirlige Stadt eine Art dritte Heimat für uns geworden. Wenn wir dort sind, ist es unvermeidlich, Unmengen von Tapas und olivenölgetränktem Gemüse und Kroketten zu vertilgen. Umso mehr genießen wir es, auf einem der Gemüsemärkte einen Korb voll frischer Produkte zu kaufen und uns daraus einen leckeren Salat zu zaubern. Die Märkte Barcelonas duften im Hochsommer wie Bonbonläden, und die dunkelroten Kirschen platzen im August schier vor Aroma. Ihre frische Süße harmoniert wunderbar mit den cremigen Avocados, dem würzigen Ziegenkäse und dem knackigen Staudensellerie, von dem wir bei diesem Salat sowohl die Stängel als auch die Blätter verwenden, weil sie dem Gericht eine angenehme Schärfe verleihen. – *Luise*

1 kleiner Staudensellerie (inklusive Grün), in Scheiben (bzw. Streifen) geschnitten
2 Avocados, geschält, jeweils den Kern herausgelöst und das Fruchtfleisch in Scheiben geschnitten
2 Handvoll Kirschtomaten, halbiert
2 große Handvoll Kirschen, entsteint und halbiert
1 kleiner Bund glatte frische Petersilie, die Blätter abgezupft und fein gehackt
Saft von ½ Zitrone (oder nach Belieben auch mehr)
1 EL kalt gepresstes Olivenöl
Meersalz und schwarzer Pfeffer aus der Mühle
200 g weicher Ziegenkäse, zerkrümelt

Das geputzte und geschnittene Gemüse mit der gehackten Petersilie in eine große Salatschüssel geben. Mit Zitronensaft, Olivenöl, Salz und Pfeffer abschmecken und alles gut vermischen. Den Salat mit dem Ziegenkäse garnieren und servieren.

Hält sich im Kühlschrank 1–2 Tage.

Sizilianische Caponata

Eine unserer ersten gemeinsamen Reisen führte uns nach Sizilien. Wir fuhren ohne Straßenkarte mit dem Auto rund um die Insel, ohne vorab Unterkünfte gebucht zu haben. Ich glaube, diese Reise war eine gute Gelegenheit, um unsere noch frische Beziehung auf die Probe zu stellen, und wir hatten einen Riesenspaß. Manchmal landeten wir an den erstaunlichsten Plätzen, etwa in einem Hotel aus den 1920er-Jahren, hoch auf der Klippe in Taormina gelgen, mit fantastischer Aussicht und frisch gepresstem Orangensaft aus hoteleigenem Hain. Andere Orte waren ... nun, nicht ganz so überwältigend. Eine Nacht verbrachten wir sogar im Auto, um nach ein paar allzu extravaganten Restaurantbesuchen Geld zu sparen. Ein anderer Trick, um unsere Geldbeutel zu schonen, bestand darin, unser Mittagessen auf eine einzige Portion *Caponata* zu beschränken. Dieses Gemüsegericht wird in Italien normalerweise als Vorspeise oder Beilage serviert, aber mit Brot dazu reicht es einem jungen Paar allemal, um bis zum Abendessen durchzuhalten. Auch heute noch essen wir *Caponata* gerne mit Vollkornpasta oder dünn gehobelten Zucchinistreifen als Hauptgericht. Die deftige Gemüsepfanne kann aber auch zu vielen Gerichten als Beilage serviert werden. – *David*

2 EL kalt gepresstes Olivenöl plus etwas Öl zum Beträufeln
1 große Aubergine, in große Würfel geschnitten
1 rote Paprikaschote, in große Würfel geschnitten
2 TL getrockneter Oregano
½ TL getrocknete Chiliflocken
2 Knoblauchzehen, in Scheibchen geschnitten
1 kleine Zwiebel, fein gehackt
1 kleine Handvoll frische Petersilie, fein gehackt
1 kleine Handvoll frische Minzeblätter, fein gehackt
4 reife Tomaten, in große Würfel geschnitten
1 große Handvoll grüne Oliven, entsteint
4 EL eingelegte Kapern, abgetropft
2 EL Apfelessig

Das Öl in einer großen Pfanne erhitzen. Aubergine, Paprika, Oregano und Chiliflocken hineingeben, bei mittlerer Hitze etwa 5 Minuten anbraten und dabei gelegentlich umrühren. Sobald die Gemüsewürfel auf allen Seiten schön gebräunt sind, Knoblauch, Zwiebel, den Großteil der Petersilie und Minze (etwas für die Garnierung beiseitelegen) hinzufügen und alles 3 Minuten weiter garen, dabei wieder gelegentlich umrühren. Tomaten, Oliven, Kapern und Apfelessig zuletzt dazugeben und alles nochmals 20 Minuten garen, bis die Aubergine sehr weich ist.

Die *Caponata* mit den restlichen Kräutern garnieren und etwas Olivenöl darüberträufeln.

Nach Belieben mit einer Scheibe Vollkornsauerteigbrot oder Vollkornpasta servieren.

Hält sich im Kühlschrank 3–5 Tage.

4 PORTIONEN / VEGAN / GLUTENFREI

Quinoa-Mandel-Minze-Salat

Marokkanische Couscous-Salate überzeugen mit einer wundervollen Mixtur verschiedener Aromen: süße Rosinen, gewürzte Mandeln und frische Kräuter verbinden sich zu unwiderstehlich köstlichen Kombinationen. In unserer Version ersetzen wir den Couscous durch eiweißreiche, glutenfreie Quinoa, die wir mit Zimt garen. Das marinierte Gemüse bereiten wir selbst zu – wenn es mal schnell gehen muss, kann man es aber in den meisten Lebensmittelläden auch bereits fertig kaufen.

1 Zucchini
1 Aubergine
2 EL kalt gepresstes Olivenöl, plus etwas zum Grillen
1 Knoblauchzehe, zerdrückt
Meersalz
300 g Quinoa
1 TL Zimt
Saft von ½ Zitrone
1 Handvoll frische Minzeblätter, grob gehackt
1 Handvoll frische Korianderblätter, grob gehackt
2 Avocados, geschält, jeweils den Kern herausgelöst und das Fruchtfleisch in kleine Würfel geschnitten
3 EL braune (oder gelbe) Rosinen
Kerne von 1 Granatapfel
100 g geröstete und gesalzene Mandeln

Den Backofen auf 200 °C (Gas Stufe 6) vorheizen.

Zucchini und Aubergine in dünne Scheiben schneiden und auf ein Grillgitter über einem Backblech legen. Die Scheiben mit einem Backpinsel auf beiden Seiten sparsam mit Öl bepinseln und mit Salz bestreuen. Im Ofen backen, bis die Gemüsescheiben weich und schön gebräunt sind (dauert etwa 15 Minuten, dabei immer wieder prüfen, ob sie auch nicht verbrennen).

Das Gemüse aus dem Ofen nehmen, in einer Schüssel mit Olivenöl sowie Knoblauch vermengen und beiseitestellen.

Die Quinoa gut wässern und dann das Wasser abgießen. In einen Topf geben und 750 ml Wasser, Zimt und ½ TL Salz hinzufügen. Kurz aufkochen lassen und die Hitze reduzieren. Den Deckel auflegen und die Quinoa 15–20 Minuten sanft gar köcheln. In eine große Servierschüssel geben und leicht abkühlen lassen.

Zitronensaft, Kräuter, Gemüsescheiben, Avocadowürfel und Rosinen zu der gekochten Quinoa geben und das Ganze miteinander vermengen.

Den Salat mit Granatapfelkernen und Mandeln garnieren und servieren.

Hält sich in einem luftdicht verschlossenen Behältnis im Kühlschrank 3–5 Tage.

4–6 PORTIONEN / GLUTENFREI

Festtagssalat mit Rosenkohl & Cranberrys

Das Problem bei Rosen- und Grünkohl ist, dass er leicht zu einer laschen, breiigen Konsistenz verkocht – wir mögen unser Gemüse aber gerne *al dente*. Dieser von einer Amerikareise inspirierte Salat bietet alles, was unser Gaumen begehrt: Nüsse für den extra knackigen Biss, Orangen für das fruchtige Aroma und ein klassisches Senf-Honig-Dressing, das scharf und süß verbindet. Der Salat passt zu allen Gelegenheiten, eignet sich aber insbesondere als Festtagssalat in der Weihnachtszeit.

Für den Salat
200 g Beluga- oder andere Linsen
500 g Rosenkohl
250 g Grünkohl (oder Sorte Ihrer Wahl)
250 g rohe Pekannüsse
2 Orangen
75 g frische oder aufgetaute tiefgekühlte Cranberrys

Für das Senf-Honig-Dressing
2 EL Englischer Senf (glutenfrei, falls eine Intoleranz besteht)
2 EL klarer Honig (vorzugsweise nicht erhitzt)
6 EL kalt gepresstes Olivenöl
Saft von 1 kleinen Zitrone
1 Prise grobes Meersalz

Die Linsen spülen und das Wasser abgießen. Die Linsen in einen Topf geben, 450 ml Wasser dazugießen und bei geschlossenem Deckel kurz aufkochen lassen. Die Hitze reduzieren und die Linsen etwa 20 Minuten köcheln lassen, bis sie weich sind und das Wasser aufgesogen haben. Beiseitestellen und abkühlen lassen.

In der Zwischenzeit in einem großen Topf Wasser zum Kochen bringen. Den Rosenkohl putzen und mit einem scharfen Messer oder in der Küchenmaschine sehr fein schneiden. Den fein geschnittenen Rosenkohl ins kochende Wasser geben und 1 Minute (keinesfalls länger!) blanchieren. In ein Sieb schütten, sofort mit kaltem Wasser spülen und anschließend trocken tupfen.

Den Grünkohl in sehr dünne Streifen schneiden, harte Teile vorher entfernen.

Die Pekannüsse in einer Pfanne bei mittlerer Hitze rösten, bis sie schön gebräunt und kross, aber nicht angebrannt sind.

Die Orangen schälen und in kleine Stücke schneiden.

In einer kleinen Schüssel alle Zutaten für das Dressing miteinander verquirlen und beiseitestellen.

Die Grünkohlstreifen in eine große Schüssel geben, die Hälfte des Dressings darübergießen und das Ganze einige Minuten mit den Fingern vermengen, bis der Grünkohl das Dressing annimmt und weich wird. Dann den blanchierten Rosenkohl hinzufügen und unterheben. Pekannüsse, Orangenstücke, Cranberrys sowie das restliche Dressing dazugeben und alles mit den Händen vermengen.

Sofort servieren oder etwa 1 Stunde ruhen lassen, damit die Aromen sich voll entfalten können.

FRESA

Farro-Salat

Insalata di Farro (Dinkelsalat) kaufen wir oft in italienischen Feinkostläden, neben großen Gläsern mit eingelegten Artischocken, Oliven, Paprikaschoten, diversen Varianten von frischem Ricotta-, Taleggio- oder Mozzarellakäse und frisch gebackenem *pane integrale*. Diese einfachen mediterranen Lebensmittel schmecken ausgesprochen lecker und eignen sich außerdem bestens für ein Picknick. Getreidesalate sehen selbst nach einer längeren Wanderung noch appetitlich aus und können sowohl kalt als auch warm gegessen werden. Unsere Rezeptvariante kombiniert vollwertige Getreidekörner mit zartem Ofengemüse und einem großzügigen Schuss Olivenöl. Der Salat schmeckt übrigens auch mit gebackenem Wurzelgemüse hervorragend, und Veganer lassen einfach den Käse am Ende des Rezepts weg.

225 g Farro (Dinkelkörner) oder Perlgraupen (für eine glutenfreie Variante Haferkörner oder Buchweizen)
1 Zucchini
1 gelbe Paprikaschote, halbiert und von den Kernen befreit
1 Fenchelknolle (vom Grün befreit)
15 reife kleine Tomaten
2 Knoblauhzehen, zerdrückt
etwas kalt gepresstes Olivenöl
Meersalz und Pfeffer aus der Mühle
Saft von 1 Zitrone
1 Handvoll frische Basilikumblätter, fein gehackt
1 Handvoll frische Minzeblätter, fein gehackt
150 g Oliven, entkernt und in Ringe geschnitten
25 g rohe Pistazien, geschält und grob gehackt
optional etwas Parmesan (oder Pecorino), frisch gehobelt

Die Getreidekörner in eine Schüssel geben, mit doppelt so viel Wasser auffüllen und mindestens 1 Stunde (höchstens 12 Stunden) einweichen lassen.

Inzwischen den Backofen auf 200 °C (Gas Stufe 6) vorheizen.

Zucchini, Paprikaschote, Fenchel und Tomaten in kleine Würfel schneiden. Das Gemüse auf ein Backblech legen, mit Olivenöl beträufeln, Knoblauch sowie eine Prise Salz und Pfeffer hinzufügen und alles mit den Händen gut vermischen.

Im Ofen etwa 30 Minuten backen, bis das Gemüse weich und leicht gebräunt ist. Zwischendurch mehrmals wenden.

Das eingeweichte Getreide abgießen und mit der doppelten Menge frischen Wassers in einen Topf geben. Zum Kochen bringen, die Hitze reduzieren und das Getreide 15–20 Minuten köcheln lassen, bis es weich ist. Gegen Ende der Garzeit ½ TL Meersalz einrühren. Vom Herd nehmen und das überschüssige Wasser abgießen.

Das gekochte Getreide mit Zitronensaft und etwas Olivenöl in eine Schüssel geben. Das gebratene Gemüse, die Kräuter, Oliven und Pistazien hinzufügen und alles gut miteinander vermischen. Den Salat vor dem Servieren mit Salz und Pfeffer abschmecken und optional mit Parmesan garnieren.

Hält sich luftdicht verschlossen im Kühlschrank 3–5 Tage.

Tipp: Haferkörner enthalten kein Gluten, sondern das Protein Avenin, sie werden lediglich häufig während der Ernte oder Weiterverarbeitung mit Gluten kontaminiert. Daher lohnt es sich, die Packungsaufschrift genau zu lesen, wenn man Hafer völlig glutenfrei braucht.

Eine weitere sichere glutenfreie Alternative ist Vollkornbuchweizen.

Marokkanische Vorspeisenplatte

Wer im Restaurant einen marokkanischen Salat bestellt, kann sich nie sicher sein, was er bekommt. Manchmal ist es nur eine einfache Kombination aus Tomaten und roten Zwiebeln, meistens jedoch ist es ein Gericht, das wir normalerweise als Mus aus eingelegtem Gemüse bezeichnen würden. Marokkanische Vorspeisen gibt es in zig Varianten; wir stellen hier sechs Dips und Salate vor. Die Zubereitung brachte uns ein marokkanischer Koch im schönen Restaurant »Le Jardine« in Marrakesch bei, wo eine große Auswahl farbenfroher Dips und Salate zu warmem Fladenbrot serviert wird. Als große gemischte Vorspeisenplatte, zusammen mit dunklem Brot und einer schönen Käseauswahl serviert, eignet sich der Mix der folgenden sechs Rezepte ideal für größere Runden. Wir beschränken uns zu Hause meistens auf ein oder zwei der Vorspeisen, denn sie schmecken auch einzeln wunderbar – manche köstlich süß, andere würzig oder leicht und frisch.

Zaalouk (Auberginenmus)

2 Auberginen, in mundgerechte Stücke geschnitten
2 Knoblauchzehen, zerdrückt
1–2 EL kalt gepresstes Olivenöl oder Kokosfett
1 EL gemahlener Kreuzkümmel
1 TL Paprikapulver
½ TL Meersalz
2 EL Tomatenmark
eine 5 mm dicke Zitronenscheibe, fein gehackt
1 Handvoll frische Koriander- und Petersilienblätter, gemischt

In einer großen Pfanne das Öl erhitzen und den Knoblauch und die Auberginenwürfel hineingeben. Wenn die Auberginen am Pfannenboden festzukleben beginnen, mit einem Kochlöffel umrühren und Kreuzkümmel, Paprika und Salz zugeben. Das Tomatenmark und 120 ml kochendes Wasser zum Gemüse geben und alles gut verrühren.

Die gehackte Zitrone und die frischen Kräuter untermengen, den Deckel auflegen und das Gemüse etwa 45 Minuten schmoren lassen, bis es weich ist. Falls das *Zaalouk* zu trocken wird, etwas Wasser angießen. Abschmecken und sofort servieren.

Das Auberginenmus hält sich in einem luftdicht verschlossenen Glas im Kühlschrank bis zu 5 Tage.

Zitroniger Paprika-Tomaten-Salat

4 rote Paprikaschoten
6 Tomaten, gewürfelt
4 Knoblauchzehen, mit dem Messerrücken zerdrückt
etwas kalt gepresstes Olivenöl oder Kokosfett
2 EL Zitronensaft
½ TL Meersalz

Den Backofen auf 200 °C (Gas Stufe 6) vorheizen.

Die Paprikaschoten auf ein mit Backpapier ausgelegtes Backblech setzen und im Ofen etwa 30 Minuten backen (dabei gelegentlich wenden), bis die Haut beginnt, schwarz zu werden, und Blasen wirft. Aus dem Ofen nehmen und etwas abkühlen lassen. Die Schoten von Haut, Stielansatz und Kernen befreien, würfeln und beiseitestellen.

In einer Pfanne das Öl auf mittlerer Stufe erhitzen, Knoblauch und Tomaten hineingeben und etwa 5 Minuten weich garen. Paprikawürfel und Meersalz hinzufügen und das Gemüse weitere 5 Minuten braten. Dann den Zitronensaft zugeben und alles mit Salz abschmecken.

Hält sich luftdicht verschlossen im Kühlschrank bis zu 5 Tage.

Marinierte Karotten

5 große Karotten (etwa 500 g)
½ TL gemahlener Kreuzkümmel
Saft von ½ Zitrone
etwas kalt gepresstes Olivenöl

Die Karotten schälen und in mundgerechte Stücke schneiden. In einen Topf geben und mit Wasser bedecken. Zum Kochen bringen, die Hitze reduzieren und das Gemüse 8–10 Minuten garen, bis es zart ist. Vom Herd nehmen und das überschüssige Wasser abgießen. Die Karotten in eine Salatschüssel füllen und abkühlen lassen. Mit Kreuzkümmel, Zitronensaft und Olivenöl anmachen und servieren.

Hält sich in einem luftdicht verschlossenen Glas im Kühlschrank 3–5 Tage.

Eingelegte Quitten

4 Quitten (oder feste Birnen)
½ Vanilleschote
5 Gewürznelken
2 Zimtstangen
2 EL gelbe oder braune Rosinen
1 EL klarer Honig (vorzugsweise nicht erhitzt)
optional 1 TL Orangenblütenwasser

Rohe Quitten sind sehr hart, daher muss man aufpassen, wenn man sie mit einem scharfen Messer schält und die Kerngehäuse entfernt. Das Fruchtfleisch in dünne Scheiben schneiden, in einen Topf geben, mit Wasser bedecken und alle Gewürze und die Rosinen hinzufügen. Das Ganze bei geringer Hitze etwa 10 Minuten köcheln lassen, bis die Quitten weich sind (Birnen sind schneller gar). Die Quitten vom Herd nehmen und den Honig unterrühren, bis er sich aufgelöst hat.

Nach Belieben dem Salat mit 1 TL Orangenblütenwasser eine extra marokkanische Note verleihen und ihn warm oder kalt servieren.

Mit dem Gewürzsud bedeckt halten sich die marinierten Quitten im Kühlschrank bis zu 3 Tage.

Kürbismus mit Zimt

1 Garten- oder anderer Kürbis (z.B. Butternusskürbis)
1 TL kalt gepresstes Kokosfett
1 EL Zimt
1 Zimtstange

Den Backofen auf 200 °C (Gas Stufe 6) vorheizen.

Den Kürbis halbieren, die Kerne entfernen und die Hälften schälen. Das Kürbisfleisch in Würfel schneiden und in eine große Schüssel geben. Kokosfett und Zimt zugeben und das Ganze mit den Händen gut durchmischen.

Die Kürbiswürfel auf ein mit Backpapier ausgelegtes Backblech legen und gleichmäßig verteilen. Die Zimtstange dazugeben und alles im Ofen 20–40 Minuten backen, bis die Kürbiswürfel weich sind und goldbraune Ränder haben.

Den gebackenen Kürbis in eine Servierschüssel geben und mit einem Löffelrücken leicht zerdrücken. Mit der Zimtstange garnieren und servieren.

Hält sich luftdicht verschlossen im Kühlschrank 3–5 Tage.

Salat von gegarten Zucchini

2 Zucchini
1 Knoblauchzehe, zerdrückt
1–2 EL kalt gepresstes Olivenöl (oder Kokosfett)
1 EL gemahlener Kreuzkümmel
1 TL Paprikapulver
½ TL Meersalz
2 EL Tomatenmark
2 TL Apfelessig
1 Handvoll frische Koriander- und Petersilienblätter, gemischt und grob gehackt

Die Zucchini der Länge nach halbieren und in mundgerechte Stücke schneiden.

In einer großen Pfanne das Öl erhitzen und Knoblauch und Zucchini hineingeben. Wenn das Gemüse beginnt, am Pfannenboden haften zu bleiben, mit einem Kochlöffel umrühren und Kreuzkümmel, Paprikapulver und Salz zugeben. 120 ml kochendes Wasser, Tomatenmark und Essig hinzufügen und alles gut vermischen. Den Deckel auflegen und das Ganze 15–20 Minuten köcheln lassen, bis die Zucchini weich sind. Falls das Gemüse zu trocken wird, etwas Wasser angießen. Den Salat nochmals mit Salz und Gewürzen abschmecken, die frischen Kräuter untermengen und das Gericht sofort servieren.

Hält sich luftdicht verschlossen im Kühlschrank 3–5 Tage.

Gegenüberliegende Seite, im Uhrzeigersinn von oben: Salat von gegarten Zucchini; Zitroniger Paprika-Tomaten-Salat; Kürbismus mit Zimt; Zaalouk (Auberginenmus); Marinierte Karotten; Eingelegte Quitten.

4 PORTIONEN / GLUTENFREI

Gestürzter Rote-Bete-Turm

Dieses Gericht ist indirekt mexikanisch, denn nach einer Reihe von Tagen mit Tacos, Burritos und Enchiladas bot dieser frische Salat in einem mexikanischen Restaurant eine willkommene Abwechslung für uns. Rote Bete, Kopfsalat, Karotten und Avocado werden grob geraspelt, mit Limettensaft, Kräutern und Olivenöl vermischt, in eine Form gefüllt, auf einen Teller gestürzt und mit Ziegenkäse garniert – eine hübsche, unkonventionelle Art, Salat zu servieren – und die Form der Zubereitung kann auf alle möglichen Gemüsesorten angewendet werden.

Für den Salat

5 große Kopfsalatblätter, grob gehackt
4 rohe Rote Bete, geschält
2 Karotten, geschält
½ Salatgurke, in sehr dünne Streifen geschnitten
½ rote Zwiebel, in sehr dünne Ringe geschnitten
5 Kirschtomaten
3 Avocados, geschält, jeweils den Kern herausgelöst und das Fruchtfleisch in Würfel geschnitten
1 Handvoll Koriandergrün (oder frische glatte Petersilienblätter), fein gehackt
2 EL kalt gepresstes Olivenöl
Saft von 1–2 Limetten (erst Saft von 1 Limette und dann je nach Geschmack mehr dazugeben)
Meersalz und schwarzer Pfeffer aus der Mühle

Zum Anrichten

4 oder 8 Scheiben Ziegenkäse (je nach Größe)
2 EL Pinienkerne, leicht geröstet
1 Handvoll Erbsensprossen

Rote Bete und Karotten mit der Vierkantreibe (oder mit dem Reibe-Einsatz der Küchenmaschine) grob raspeln und mit den Salatblättern, den Kräutern und dem restlichen Gemüse in einer Schüssel vermischen. Mit Olivenöl und Limettensaft beträufeln und mit Salz und Pfeffer abschmecken. Den Rote-Bete-Salat mit den Händen gut vermischen, bis alles mit Öl und Saft überzogen und hübsch purpurfarben ist. Probieren und falls nötig, noch etwas mehr Limettensaft zugeben.

Ein Viertel der Mischung in ein Auflaufförmchen oder ein Dessertschüsselchen füllen und leicht andrücken. Einen Servierteller auf die Öffnung der Form legen, das Ganze vorsichtig umdrehen und die Form entfernen.

1 oder 2 Scheiben Ziegenkäse, Pinienkerne und Erbsensprossen auf den Salatturm geben.

Die restlichen 3 Türme auf die gleiche Weise anfertigen und servieren.

Guten Appetit!

Pomelosalat mit Kokos & Zitronengras

Obwohl ich alle Arten von Früchten gerne als Nachtisch esse, eignen sich Pomelo-Früchte meiner Meinung nach eher für herzhafte Gerichte, und ihr festes und eher trockenes Fruchtfleisch kann sehr gut Dressings aufnehmen. Dieser Salat ist unglaublich frisch, fruchtig und aromatisch und Kokosraspeln und Cashewkerne verleihen ihm einen knackigen Biss. Wenn keine Pomelos erhältlich sind, kann man sie auch durch Grapefruits ersetzten – man muss ihren Säuregehalt aber eventuell durch etwas mehr Honig ausgleichen. – *David*

Für den Salat
1 Handvoll ungesüßte getrocknete Kokosraspeln
1 Handvoll Cashewkerne
1 Pomelo (oder 2 Grapefruits)
1 Stängel Zitronengras, sehr fein gehackt
½ rote Zwiebel, sehr fein gehackt
1 Handvoll frische Korianderblätter, grob zerpflückt

Für das Limetten-Dressing
Saft von 2 Limetten
2 EL klarer Honig (vorzugsweise nicht erhitzt) oder Ahornsirup
4 EL kalt gepresstes Olivenöl (oder Rapsöl)

Kokosraspeln und Cashewkerne in einer Pfanne ohne Fettzugabe bei niedriger Hitze rösten, bis sie golden schimmern. Dabei gelegentlich umrühren. Die gerösteten Kokosraspeln und Cashewkerne sofort aus der Pfanne nehmen, damit nichts anbrennt und in eine Salatschüssel geben.

Beide Enden der Pomelo abschneiden, die Schale mehrmals senkrecht einschneiden und die Segmente abziehen. Das Fruchtfleisch in Filets teilen und die Zwischenhäute entfernen. Die Filets in kleine Stücke schneiden und in eine große Schüssel geben. Die restlichen Zutaten hinzufügen und alles miteinander vermischen.

Alle Zutaten für das Dressing verrühren, über den Salat gießen und untermengen. Sofort servieren.

Italienische Antipasti

Mein Lieblingsplatz in Rom, um die Abende zu genießen, war eine Bar am Tiber, in der man gratis einen ganzen Teller Antipasti bekam, selbst wenn man nur ein Glas Wein bestellte. Als armer Student stellten diese Antipasti oft mein komplettes Abendessen dar. Unzählige Male saß ich mit Freunden auf der Piazza vor der Bar, trank Wein und verspeiste genüsslich einfache, aber leckerste italienische Vorspeisen. Wann immer die Tomaten mit Minze-Ricotta-Füllung an den Tisch gebracht wurden, häufte ich sie mir begeistert auf den Teller. Das Carpaccio aus Ringelbete ist eine moderne Antipasti-Interpretation. Das hübsch gemusterte Wurzelgemüse hat ein süßes, leicht nussiges Aroma und eine angenehme Schärfe. Sollten Ringelbete gerade nicht erhältlich sein, kann man sie durch herkömmliche Rote Bete ersetzen. – *David*

Ringelbete-Carpaccio

4 rohe Ringelbete, geschält (alternativ 4 normale Rote Bete)
2 Handvoll Rucola
4 EL Zitronensaft
2 EL kalt gepresstes Olivenöl
4 EL Pinienkerne, geröstet
1 kleines Stück Parmesan, in Späne gehobelt

Die Ringelbete mit dem Hobel oder einem scharfen Messer in möglichst dünne Scheiben schneiden. Auf einer Servierplatte anrichten, mit den Rucolablättern garnieren und mit Zitronensaft und Olivenöl beträufeln.

Die gerösteten Pinienkerne über das Carpaccio streuen und ein paar Parmesanspäne obenauf legen.

Kirschtomaten mit Minze-Ricotta-Füllung

500 g reife Kirschtomaten
Blätter von 5 frischen Minzezweigen
200 g vollfetter Ricotta
Meersalz und schwarzer Pfeffer aus der Mühle
4 EL Zitronensaft

Von den Kirschtomaten die Deckel abschneiden und die Kerne mit einem Teelöffel entfernen.

Den Großteil der Minze hacken, ein paar ganze Blättchen für die Garnierung beiseitelegen. Die gehackte Minze mit Ricotta und Zitronensaft verrühren und mit Salz und Pfeffer abschmecken.

Die Ricottafüllung mit dem Teelöffel in die Tomaten füllen. Die gefüllten Tomaten auf einer Servierplatte anrichten und mit den restlichen Minzeblättchen garnieren.

7

Süßer vietnamesischer Gurkensalat

Als unsere Tochter neun Monate alt war, verbrachten wir zwei Wochen in einem winzigen Bungalow auf der vietnamesischen Insel Phú Quốc – ohne Warmwasser und mit gerade mal drei Stunden Strom pro Tag. Wir wussten nicht wirklich, worauf wir uns da eingelassen hatten – bis wir dort ankamen. Als nachts dann große Spinnen auf unserem Moskitonetz herumkrabbelten und Skorpione vor unserer Tür herumkrochen (echt wahr!), begannen wir uns zu fragen, ob wir mit unserem Abenteuer womöglich etwas zu weit gegangen waren. Zurückblickend erwiesen sich jene zwei Wochen aber als der beste Teil der ganzen Reise. Wir wurden von keinerlei Getier gebissen (zählt man die Mückenstiche nicht mit) und bekamen in einem Inselrestaurant mit Holzofen das fantastischste und authentischste vietnamesische Essen serviert, das man sich nur vorstellen kann. Neben Summer Rolls, Nudelsuppen und Pfannengerichten gab es jeden Abend eine Variante dieses herrlichen Gurkensalats. Der Salat sieht vielleicht simpel aus, aber die aromatischen vietnamesischen Zutaten machen ihn zu einer wahren Gourmet-Beilage. Ein Hauch von Honig, Sesamöl, frischem Koriander, Limettensaft und Chili verbinden sich mit Gurke, Radieschen und Erbsensprossen zu einer regelrechten Geschmacksexplosion.

1 Gurke
5 Radieschen
1 Handvoll Korianderblätter, grob zerpflückt
1 Handvoll Erbsensprossen
½ frische Chilischote, von den Kernen befreit und in sehr dünne Ringe geschnitten (oder nach Geschmack mehr)
1 EL Sesamöl
Saft von ½ Limette
1 TL klarer Honig (vorzugsweise nicht erhitzt)
1 EL Sesamsamen

Die Gurke waschen und abtrocknen. Längs teilen und die Kerne entfernen. Gurke und Radieschen mit dem Hobel oder einem scharfen Messer in sehr feine Scheiben schneiden und in eine große Salatschüssel geben.

Koriander, Erbsensprossen und Chili hinzufügen und das Ganze vorsichtig vermengen. Sesamöl, Limettensaft und Honig dazugeben und vorsichtig untermengen.

Den Salat mit Sesamsamen bestreut servieren.

Quinoa-Dolmades mit Griechischem Salat

Köstliche Röllchen aus zarten Weinblättern, die mit Getreide und Gemüse gefüllt sind, findet man überall im Nahen Osten und in Südeuropa. Einige Nordlichter ersannen sogar eine Variante mit Kohlblättern – in diesem Buch aber ließen wir uns von der griechischen Version inspirieren. *Dolmades* waren auf meinen Griechenlandreisen immer mein Favorit unter den pikanten Snacks. Und hat man die Wickeltechnik erst einmal gelernt, kann man mühelos die unterschiedlichsten Zutaten in Weinblättern verpacken. Wir haben *Dolmades* mit Reis, Hirse und anderen Füllungen zubereitet, besonders lecker aber fanden wir die hier vorgestellte Variante mit Quinoa und Fenchel. Die Röllchen eignen sich wunderbar als Imbiss für zwischendurch oder (mit Salat serviert) als vollwertige Mahlzeit. Eingelegte Weinblätter bekommt man in Feinkostläden und Supermärkten vakuumverpackt oder in Gläsern in Salzlake eingelegt. Frisch gepflückte Weinblätter sollte man vor dem Verarbeiten 2–3 Minuten in kochendem Salzwasser blanchieren, um sie weich zu machen. – *David*

Für 20 Dolmades
100 g ungekochte Quinoa
1 Prise Meersalz
¼ Fenchelknolle, fein gehackt
1 Zwiebel, fein gehackt
1 Tomate, fein gehackt
4 frische Minzeblätter, fein gehackt
2 EL Zitronensaft
2 Karotten (in Stifte geschnitten)
20 eingelegte Weinblätter, abgetropft
2 EL Olivenöl

Für den Griechischen Salat
1 Salatgurke
200 g Feta-Käse
2 Handvoll Kirschtomaten, halbiert
etwas Pfeffer aus der Mühle
1 rote Zwiebel, halbiert und in feine Ringe geschnitten
200 g Oliven, abgetropft
4 Zweige frischer Oregano
Saft von ½ Zitrone
1 EL kalt gepresstes Olivenöl

Die Quinoa mit klarem Wasser spülen, mit 250 ml Wasser und einer Prise Salz in einen Topf geben und kurz aufkochen lassen. Bei mittlerer Hitze 15–20 Minuten köcheln lassen, bis die Körner weich sind und das Wasser aufgesogen haben. In eine Schüssel geben und mit den anderen Zutaten für die *Dolmades* (ausgenommen Weinblätter, Karotten und Olivenöl) vermengen.

Die Karottenstifte dicht an dicht auf den Boden eines Topfes legen (damit die *Dolmades* beim Garen später nicht anbrennen).

Je ein Weinblatt (mit den Rippen nach oben) auf ein Küchenbrett legen. Einen Löffel der Quinoamasse auf die untere Hälfte (in Richtung Stiel) geben.

Das untere Ende des Blattes darüberschlagen, die Ränder einschlagen, das Blatt aufrollen und mit der Nahtseite nach unten in den mit Karottenstiften ausgelegten Topf setzen.

Die restlichen *Dolmades* ebenso herstellen und dicht an dicht in den Topf schichten.

Die Röllchen mit Tellern (oder anderen geeigneten Gewichten) beschweren und etwa 120 ml Wasser zugießen, bis die *Dolmades* knapp bedeckt sind. Das Ganze 20–30 Minuten garen und nach der Hälfte der Garzeit das Olivenöl hinzufügen. Dann die Flüssigkeit abgießen, die Gewichte entfernen und die *Dolmades* abkühlen lassen.

Gurke, Fetakäse und Tomaten in mundgerechte Stücke schneiden, mit etwas Pfeffer übermahlen und mit Zwiebelringen, Oliven und Oregano auf vier Teller verteilen. Je 5 *Dolmades* auf den Tellern anrichten und mit Zitronensaft und Olivenöl beträufelt servieren.

KAPITEL 4

SUPPEN

4–6 PORTIONEN / VEGAN / GLUTENFREI

Harira

Sie hätten die Augen unserer Tochter sehen sollen, als wir in Marokko zum ersten Mal *Harira* gegessen haben! Dabei freute sich Elsa aber weniger über die Suppe mit Tomaten und Kichererbsen als über die Datteln daneben. Datteln gehören zu Elsas absoluten Lieblingsnaschereien, und beim Gedanken daran, sie zum Abendessen zu bekommen (ob mit oder ohne Suppe), gluckste sie vor Freude. Die Datteln sind eines der Geheimnisse dieses Rezepts. Die süßen Früchte intensivieren die Gewürze in dieser reichhaltigen Suppe und runden den Geschmack ab.

Für die Suppe

1 EL kalt gepresstes Olivenöl (oder Kokosfett)
1 Zwiebel, fein gehackt
2 Knoblauchzehen, fein gehackt
2 große Stangen Staudensellerie, gewürfelt
2 große Karotten, gewürfelt
1 EL gemahlener Ingwer
1 EL Paprikapulver
1 EL gemahlene Kurkuma
1 EL gemahlener Kreuzkümmel
2 EL Tomatenmark
1 l Gemüsebrühe (oder Wasser)
1 Dose (400 g) ganze geschälte Tomaten
1 EL Zitronensaft (oder nach Geschmack auch mehr)
100 g getrocknete Kichererbsen, eingeweicht und gekocht (oder eine 400-g-Dose eingelegte Kichererbsen, abgetropft)

Zum Anrichten

1 Handvoll glatte Petersilienblätter, grob gehackt
10 frische weiche Datteln, entsteint und kleingeschnitten (Trockendatteln können auch verwendet werden, frische schmecken aber besser)

In einem großen Topf auf niedriger bis mittlerer Stufe das Öl erhitzen. Zwiebel, Knoblauch, Staudensellerie und Karotten darin etwa 5 Minuten anbraten. Gelegentlich umrühren, damit nichts anbrennt. Ingwer, Paprika, Kurkuma und Kreuzkümmel gut einrühren und kurz unter Rühren anbraten, bis die Gewürze duften.

Tomatenmark, Gemüsebrühe und Tomaten hinzufügen und 30 Minuten köcheln lassen.

Zitronensaft dazugießen und abschmecken. Die Kichererbsen zugeben und alles 1 weitere Minute köcheln lassen.

Die *Harira* auf Suppenteller verteilen. Datteln und Petersilie entweder in extra Schälchen servieren oder direkt in die Suppe geben.

Die *Harira* hält sich im Kühlschrank 3–5 Tage und kann auch gut portionsweise eingefroren werden.

Paruppu-Dhal-Curry

Der Trick bei dieser duftenden sri-lankischen Linsensuppe besteht darin, die Hälfte der Gewürze kurz vor Ende der Garzeit in Öl oder Ghee anzubraten und die fast fertige Suppe darüberzugießen, um ein besonders intensives Aroma zu erzielen. Wir haben dieses Rezept von einer sri-lankischen Frau gelernt, die kein Wort Englisch sprach. Sie hatte eine Tochter in Elsas Alter, und während die beiden Kinder Verstecken spielten, sah ich in der Küche beim Zubereiten einiger Familienrezepte zu. Wie sorgfältig wir auch jeden einzelnen Schritt und jede Anweisung notieren – es ist meist unmöglich, nach einer Asienreise zu Hause genau denselben Geschmack hinzukriegen. Die Gewürze und Zutaten schmecken vor Ort anders und werden (wie beispielsweise sri-lankische Kokosmilch) frisch verwendet. Curryblätter bekommt man aber auch in europäischen Asialäden und Supermärkten, daher waren wir, als wir diese Suppe in unserer Küche in Stockholm nachkochten, begeistert davon, wie authentisch sie schmeckte. Obwohl höchst aromatisch, ist sie überraschend mild und hat eine warme Zimtnote.

Für die Suppe
100 g rote Linsen, ungekocht
10 frische oder getrocknete Curryblätter
1 kleine grüne Chilischote, von den Kernen befreit und fein gehackt
1 Zwiebel, fein gehackt
4 Knoblauchzehen, fein gehackt
2 TL frischer Ingwer, fein gehackt
½ kleine Zimtstange, in Stücke gebrochen
1 TL gemahlene Kurkuma
1 EL Currypulver
1 TL Meersalz
400 ml vollfette Kokosmilch aus der Dose
2 EL kalt gepresstes Kokosfett (oder Ghee)

Zum Anrichten
Vollkornreis oder Naan-Brot

Die Linsen mindestens 10 Minuten in kaltem Wasser einweichen. Gut spülen und das Wasser abgießen. Linsen in einen Topf geben und die Hälfte der Curryblätter, der Zwiebel, des Knoblauchs und des Ingwers hinzufügen. Dann Zimt, Kurkuma, Currypulver und Salz dazugeben, Kokosmilch und 450 ml Wasser angießen und kurz aufkochen lassen. Die Hitze reduzieren und alles 10–20 Minuten unter gelegentlichem Rühren sanft köcheln lassen, bis die Linsen weich sind und das Dhal eine dickflüssige Konsistenz hat.

Das Dhal in eine hitzebeständige Schüssel füllen.

Im bereits benutzten Topf das Fett erhitzen und darin den Rest der Curryblätter, der Zwiebel, des Knoblauchs und des Ingwers einige Minuten unter ständigem Rühren rösten, bis alles duftet und leicht gebräunt ist.

Das Dhal zurück in den Topf mit den Gewürzen geben und unter ständigem Rühren kurz aufkochen (oder bis zur gewünschten Konsistenz weiter eindicken lassen, wenn man es cremiger mag).

Mit Vollkornreis oder Naan-Brot servieren.

Hält sich im Kühlschrank 3–5 Tage.

nothing

4 PORTIONEN / VEGAN / GLUTENFREI

Vietnamesische Phở

Die leckerste *Phở* bekommt man in Vietnam nicht in schicken Restaurants, sondern in Garküchen am Straßenrand. Und bei den Imbissbuden, an denen besonders viel los ist, gibt es erfahrungsgemäß auch die besten Suppen. Das Geheimnis einer jeden guten *Phở* ist der Fond. In Vietnam werden die meisten Fonds aus Fleischstücken und Knochen gekocht – daher haben wir ein bisschen improvisiert, um eine köstliche vegetarische Variante mit vergleichbarer Geschmacksintensität zu erzielen. Eine der Hauptzutaten ist trocken gerösteter oder gegrillter Sternanis, der der Suppe ihren einzigartigen vietnamesischen Geschmack verleiht. In Vietnam wird *Phở* sowohl zum Frühstück als auch zum Abendessen gerne gegessen. Doch egal wann man eine gute *Phở* verspeist: Immer gehören reichlich frische Kräuter, Bohnensprossen und Limetten dazu, um der deftigen Suppe Leichtigkeit zu verleihen.

Für die Suppe
2 große Zwiebeln, geschält und halbiert
1 großes Stück frischer Ingwer (etwa 10 cm), geschält und in Scheiben geschnitten
4 Zimtstangen
4 Sternanis
4 Gewürznelken
4 Kardamomkapseln
1 EL Koriandersamen
2 l Gemüsebrühe
1 EL gentechnikfreie Bio-Sojasauce
2 große Karotten, geschält und in dicke Scheiben geschnitten
½ Fenchelknolle, halbiert
250 g braune Reisnudeln (oder Buchweizennudeln)

Zum Anrichten
350 g gentechnikfreier Bio-Tofu, in Würfel geschnitten
1 Pak Choi (Senfkohl), in Scheiben geschnitten
1 Brokkoli, in kleine Röschen zerteilt
1 große Handvoll Bohnensprossen
reichlich frische Kräuter (z. B. Thai-Basilikum, Koriandergrün und Minze)
2 Limetten, in Spalten geschnitten
2 TL schwarze oder weiße Sesamsamen zum Bestreuen

Den Backofen auf höchster Stufe vorheizen.

Zwiebel- und Ingwerstücke auf ein mit Backpapier ausgelegtes Backblech legen und im Ofen etwa 5 Minuten rösten, bis sie weich und am Rand gebräunt sind.

Die restlichen Gewürze in einen Topf mit schwerem Boden geben und rösten, bis sie duften. Dabei ständig rühren, damit nichts anbrennt. Mit Gemüsebrühe und Sojasauce aufgießen und Karotten, Fenchel sowie die gerösteten Ingwer- und Zwiebelstücke dazugeben. Kurz aufkochen lassen, die Hitze reduzieren und 30 Minuten köcheln lassen. Die Suppe durch ein Sieb gießen, um alle Gewürz- und Gemüsestücke zu entfernen. Die Brühe zurück in den Topf schütten und erneut erhitzen.

In der Zwischenzeit die Nudeln gemäß Packungsaufschrift garen.

Nudeln, Tofu, Pak Choi, Brokkoli, Bohnensprossen, frische Kräuter und Limettenspalten auf 4 Suppenteller oder Servierschüsseln verteilen.

Mit der heißen Suppe aufgießen und mit Sesamsamen garniert servieren.

Kalte Avocadosuppe

Als wir im Blog verkündeten, nach Kalifornien zu reisen, lud uns spontan eine Leserin auf die Avocadoplantage ihrer Familie ein. Dort pflückten wir das erste (und einzige) Mal Avocados frisch vom Baum – für mich ein wirklich unvergessliches Erlebnis. David hingegen würde die Aktion wohl lieber aus seiner Erinnerung streichen, denn als wir zwischen den Bäumen umherspazierten, warnten uns unsere Gastgeber (auf überraschend relaxte Art und Weise) davor, auf Klapperschlangen am Boden zu treten. David hat Angst vor Schlangen und nach dieser Warnung verlor er jegliches Interesse an den Avocados und konzentrierte sich nur noch darauf, wo er hintrat. Wir verließen die Farm mit einem Riesenvorrat an Avocados, und nach zwei Tagen mit köstlichen Avocadosandwiches und Guacamole experimentierten wir mit den gehaltvollen Früchten und verarbeiteten sie zu warmen und kalten Suppen. Avocadosuppen sind sehr sättigend, weshalb schon kleine Portionen ausreichen. Joghurt und Zitrone verleihen unserer Version Würze, Tabasco sorgt für Schärfe und frischer Dill für einen skandinavischen Touch. – *Luise*

Für die Suppe
2 reife Avocados, halbiert und vom Kern befreit
abgeriebene Schale von 1 Bio-Zitrone
4 EL Zitronensaft
½ kleine Schalotte, gehäutet
3 Zweige frischer Dill plus etwas zum Garnieren
Blätter von 3 Zweigen frischem Koriander (oder gehackter Schnittlauch) plus ein paar ganze Korianderblätter zum Garnieren, grob gehackt
4–8 Spritzer Tabasco (oder eine Prise Cayennepulver)
½ TL Meersalz
250 ml Naturjoghurt (alternativ Wasser oder Kokoswasser für eine vegane Version)

Zum Anrichten
etwas kalt gepresstes Olivenöl
60 g Kürbiskerne, leicht geröstet

Das Fruchtfleisch aus den Avocados löffeln und mit allen anderen Zutaten in die Küchenmaschine oder den Standmixer geben und cremig pürieren. Gegebenenfalls noch etwas Wasser einarbeiten, bis die gewünschte Konsistenz erreicht ist. Abschmecken und kühl stellen.

Die Suppe in Gläser oder Schüsselchen füllen. Jeweils einen Spritzer Olivenöl, ein paar Kürbiskerne, gehackte Kräuter und einen Dillzweig daraufgeben.

Da die Suppe nicht lange hält, sollte man sie unbedingt am selben Tag servieren.

Sopa Portuguesa de Legumes

Auf einer Portugalreise ernährte ich mich hauptsächlich von Gemüsesuppen und Salat. Obwohl es in Portugal exzellentes frisches Gemüse gibt, bestehen die meisten Gerichte aus Fisch oder Fleisch. Selten habe ich mich in Restaurants in der Auswahl so eingeschränkt gefühlt wie in dieser einen Woche. Zum Glück servierten fast alle Restaurants eine Art cremiger Kartoffelsuppe, die zufällig zu meinen absoluten Lieblingsspeisen gehört. Also war ich trotz des beschränkten Angebots schließlich doch glücklich und zufrieden. In unserer Version runden Karotten und Süßkartoffeln den Geschmack der reichhaltigen Suppe ab. Frische oder gekochte getrocknete Favabohnen (Ackerbohnen) sorgen außerdem für eine Extraportion Protein. – *David*

Für die Suppe
1 EL kalt gepresstes Olivenöl (oder Kokosfett)
1 große Zwiebel, grob gehackt
1 Knoblauchzehe, gehackt
10 frische (oder 1 TL getrocknete) Salbeiblätter
1 Stange Lauch, in Ringe geschnitten
2–3 Kartoffeln (500 g), geschält und gewürfelt
3 Karotten (300 g), geschält und gewürfelt
1 Süßkartoffel (oder 1 Stück Kürbis, 200 g), geschält und gewürfelt
Meersalz und schwarzer Pfeffer aus der Mühle
2 EL Zitronensaft (nach Belieben auch mehr)
250 g gepalte frische (oder 100 g getrocknete, eingeweichte und gekochte) Favabohnen
¼ kleiner Kohlkopf (100 g), in 2–3 Stücke geschnitten und die Blätter zerteilt

Zum Anrichten
etwas kalt gepresstes Olivenöl zum Beträufeln
schwarzer Pfeffer aus der Mühle
ein paar frische Salbeiblätter

In einem großen Topf auf mittlerer Stufe das Öl erhitzen. Zwiebel, Knoblauch, Salbei und Lauch dazugeben und 1 Minute anbraten. Kartoffeln, Karotten und Süßkartoffel hinzufügen und unterrühren. Das Gemüse mit Wasser bedecken und mit Salz und Pfeffer abschmecken. Aufkochen lassen, den Deckel auflegen, die Hitze reduzieren und köcheln lassen, bis das Gemüse weich ist.

Das Gemüse vom Herd nehmen und mit dem Stabmixer (oder in der Küchenmaschine) cremig pürieren. Wieder auf den Herd stellen und mit Zitronensaft abschmecken. Verwendet man frische Favabohnen, diese jetzt hinzufügen, 4 Minuten mitköcheln lassen, dann den Kohl zugeben und etwa 1 Minute köcheln lassen, bis er gerade zart ist. Verwendet man gekochte getrocknete Favabohnen, gibt man sie zusammen mit dem Kohl zur Suppe.

Die Suppe nochmals abschmecken, in Schüsselchen füllen und mit etwas Olivenöl und Pfeffer verfeinern.

Hält sich im Kühlschrank 3–5 Tage und kann auch gut portionsweise eingefroren werden.

4 PORTIONEN

Zuppa di Ribollita

Diese rustikale Brot- und Bohnensuppe vereint alles in sich, was ich an der italienischen Art zu kochen so mag. Auch wenn viele Italiener sehr modebewusst sind und schicke Sonnenbrillen und teure Klamotten tragen, ist ihre Küche doch ganz anders: einfach, rustikal und bodenständig. Die italienische Küche benötigt keine ausgefallenen Accessoires, um die köstlichsten und schönsten Gerichte zu zaubern. Bei der *Zuppa di Ribollita* werden ein paar hochwertige Gemüsesorten, frische Kräuter und Bohnen im Handumdrehen in eine sättigende Suppe verwandelt. In der Toskana fügt man dem Gericht gerne noch etwas Brot vom Vortag und ein paar Späne gehobelten Parmesan hinzu. Veganer oder Leute mit Glutenunverträglichkeit lassen diese beiden Zutaten einfach weg. – *David*

Für die Suppe

2 EL kalt gepresstes Olivenöl
1 Zwiebel, fein gehackt
4 Knoblauchzehen, fein gehackt
2 Karotten, in Würfel geschnitten
eine Prise getrocknete Chiliflocken
10 frische Salbeiblätter
1 Handvoll frische glatte Petersilienblätter
1 Tomate, in Würfel geschnitten
1 Zucchini, längs halbiert und in Scheiben geschnitten
300 g Schwarzkohl (alternativ Grünkohl oder Wirsing), von Strunk und harten Teilen befreit und grob gehackt
100 g getrocknete Cannellini-Bohnen, eingeweicht und gekocht (oder 1 400-g-Dose, abgetropft)
etwa 1 l Gemüsebrühe (oder Wasser)
Meersalz und Pfeffer aus der Mühle

Zum Anrichten

etwas Olivenöl zum Servieren
optional 4 Scheiben Vollkorn-Sauerteigbrot, in Würfel geschnitten
optional etwas Parmesan, frisch gehobelt

In einem großen Topf das Öl erhitzen. Zwiebel, Knoblauch, Karotten mit Chili und Salbei darin bei niedriger Hitze etwa 20 Minuten braten, bis das Gemüse weich, aber noch nicht braun ist.

Petersilie, Tomate und Zucchini dazugeben und ein paar Minuten mitbraten.

Den Kohl und die Bohnen hinzufügen und das Ganze mit Gemüsebrühe oder Wasser bedecken. Kurz aufkochen lassen, die Hitze reduzieren und die Suppe 30 Minuten köcheln lassen und mit Salz und Pfeffer abschmecken. Die Suppe sollte die Konsistenz eines dicken Eintopfs haben.

Die Suppe auf Suppenteller verteilen und mit etwas Olivenöl beträufeln. Nach Belieben mit Brotwürfeln und Parmesan garniert servieren.

KAPITEL 5

Abendessen

Pruebe la
Gran Diferencia
Papas a la Francesa
Cozumel
Q. Roo.
CHURROS

Gebackene Auberginenröllchen

Die italienische Tradition, Gemüse, Früchte oder Käse mit dünnen Fleisch- oder Schinkenscheiben zu *involtini* (Rouladen) aufzuwickeln ist keineswegs Fleischessern vorbehalten. Es muss nicht zwangsläufig Fleisch für die Röllchen verwendet werden, dünne Auberginen- oder Zucchinischeiben eignen sich ebenso gut. Die Hirse in der Füllung kann durch Reis oder Quinoa ersetzt werden – wichtig ist aber, reichlich frische Kräuter, Oliven, Kapern, Pinienkerne und Pecorino zu verwenden. Die einfache Tomatensauce ist für dieses Gericht perfekt, da sie den feinen Geschmack der Füllung nicht überdeckt. Wir machen diese Rouladen häufig, wenn Gäste da sind, denn die verschiedenen Schritte der Zubereitung lassen sich sehr gut gemeinsam erledigen.

Für die Tomatensauce
1 EL kalt gepresstes Olivenöl (alternativ Kokosfett oder Ghee)
2 Knoblauchzehen, zerdrückt
2 Dosen ganze geschälte Tomaten (à 400 g)
Meersalz und schwarzer Pfeffer aus der Mühle

Für die Rouladen
2 große Auberginen
2 EL kalt gepresstes Olivenöl
½ TL grobes Meersalz

Für die Füllung
200 g ungekochte Hirse (oder Quinoa)
1 Handvoll frische Basilikumblätter, fein gehackt, plus etwas Basilikum zum Anrichten
1 Knoblauchzehe, fein gehackt
4 EL Pecorino (oder Parmesan), frisch gerieben, plus etwas Pecorino zum Anrichten
30 g Pinienkerne, grob gehackt, plus ein paar Pinienkerne zum Anrichten
20 Oliven, entsteint und grob gehackt
2 EL eingelegte Kapern, abgegossen und zerdrückt
Saft von 1 Zitrone
Meersalz und schwarzer Pfeffer aus der Mühle
2 Eier

Zum Anrichten
grüner Salat

Für die Sauce in einem Topf das Öl erhitzen und den Knoblauch darin kurz anbraten. Die Tomaten hinzufügen, mit Salz und Pfeffer abschmecken, kurz aufkochen lassen, die Hitze reduzieren und 20–30 Minuten köcheln lassen.

Den Backofen auf 200 °C (Gas Stufe 6) vorheizen.

Die Auberginen der Länge nach in dünne Scheiben schneiden und auf einen Grillrost oder ein Backblech legen. Die Auberginenscheiben mit dem Backpinsel auf beiden Seiten leicht mit Olivenöl bestreichen, mit Salz bestreuen und etwa10 Minuten im Ofen backen, bis sie weich und an den Rändern gebräunt sind (dabei aufpassen, dass sie nicht anbrennen, denn dann lassen sie sich schwer aufrollen). Die Auberginen aus dem Ofen nehmen und leicht abkühlen lassen, den Ofen aber nicht ausschalten.

In der Zwischenzeit die Hirse waschen, abtropfen lassen, in einen Topf geben und mit 450 ml Wasser zum Kochen bringen. Die Hitze reduzieren, 10 Minuten leicht köcheln lassen. Vom Herd nehmen, 10 Minuten ruhen lassen und in eine große Rührschüssel füllen. Alle Zutaten für die Füllung (bis auf die Eier) zur Hirse geben und gut verrühren. Dann die Eier aufschlagen und untermischen.

Die Auberginenscheiben auf die Arbeitsfläche legen (die breitere Seite zeigt in Ihre Richtung). Einen kleinen Löffel Füllung am breiteren Ende auftragen, die Scheiben zu Röllchen aufwickeln und (mit den offenen Enden nach unten) in einen Bräter schichten. Mit Sauce bedecken und 15–20 Minuten im Ofen backen. Mit Pecorino, Pinienkernen und Basilikum garnieren und mit Salat servieren.

4 PORTIONEN / GLUTENFREI

Pad Thai ohne Nudeln

Dieses beliebte thailändische Gericht wird in unserer Küche regelmäßig zubereitet, seit wir es in Bangkok zum ersten Mal gegessen haben. Als wir es zu Hause nachkochten, hielten wir uns zunächst streng an das Originalrezept und brieten Reisnudeln in einer süßen, leicht würzigen Sauce an, doch im Lauf der Jahre wandelten wir das Rezept ab. Anstatt Reisnudeln zu braten, schneiden wir mittlerweile einfach einen Daikon-Rettich (Zucchini eignen sich ebenso) in Streifen, mischen diese mit Karottenstreifen, Tofuwürfeln und frischen Kräutern und beträufeln das Ganze mit einem Erdnussbutter-Limetten-Dressing. Wir haben also sowohl die Zubereitungsart als auch die Zutaten unserer *Pad Thai* verändert, aber noch immer hat das Gericht diese wunderbare Geschmackskombination aus süß, nussig, würzig und leicht scharf, und das Ergebnis ist leicht, frisch und (wie wir finden) sogar noch leckerer.

Für die Pad Thai

1 Daikon-Rettich, geschält (oder 1 Zucchini)
4 Karotten
450 g Bohnensprossen (z.B. Mungbohnensprossen)
4 Frühlingszwiebeln, in feine Ringe geschnitten
350 g gentechnikfreier fester Bio-Tofu, in Würfel geschnitten
1 kleine Handvoll frische Korianderblätter, gehackt, plus ein paar Blätter zum Anrichten
2 EL schwarze Sesamsamen, plus ein paar zum Garnieren
1 Limette, geviertelt, zum Garnieren

Für das Erdnussbutter-Limetten-Dressing

125 g Erdnussbutter (bei Erdnussallergie ein anderes Nussmus oder Samenbutter verwenden)
4 EL Limettensaft
2 EL klarer Honig (vorzugsweise nicht erhitzt)
2 EL gentechnikfreie Bio-Tamari- oder -Sojasauce
1 Prise gemahlener Cayennepfeffer (oder mehr, nach Belieben)
2 TL frischer Ingwer, gerieben

Den Rettich und die Karotten mit dem Julienne-Schneider in dünne, nudelförmige Streifen schneiden (alternativ mit dem Spargelschäler oder Spiralhobel in dünne Späne hobeln). Zusammen mit den Bohnensprossen und Frühlingszwiebeln in eine Schüssel geben. Tofuwürfel, Korianderblätter und Sesamsamen hinzufügen und alles miteinander vermengen.

Alle Zutaten für das Dressing mit etwa 3 EL Wasser in einer kleinen Schüssel verrühren (gegebenenfalls mit etwas mehr Wasser verdünnen). Das Dressing abschmecken, über das Gemüse gießen und alles mit den Händen vermischen, bis jeder Gemüsestreifen mit Dressing überzogen ist.

Das Gericht auf Schälchen verteilen und mit jeweils 1 Limettenviertel, ein paar Korianderblättern und Sesamsamen garniert servieren.

Gemüse und Dressing halten sich (in separaten Behältnissen aufbewahrt) im Kühlschrank ein paar Tage.

Gebackene Pilze mit Orangen-Quinoa-Taboulé

Der vor Petersilie und Minze nur so strotzende *Taboulé*-Salat wird im ganzen Nahen Osten und in Nordafrika nicht nur als Vorspeise, sondern auch als Beilage und gelegentlich auch als Hauptgericht serviert. Er ist einer der aromatischsten Salate, die wir kennen, und wir verwenden ihn als Hauptzutat für gebackene Pilze. Mit etwas Orange, Zimt, Quinoa und erdig schmeckenden Portobello-Pilzen wird aus dem *Taboulé* ein festliches Weihnachtsgericht. Die Pilze im Ofen backen, dann den *Taboulé* hoch auf den Pilzen aufschichten und mit Granatapfelsamen gekrönt servieren. Diese Kreation schmeckt nicht nur köstlich, sie sieht auch famos aus.

4 Portobello-Pilze
2 EL kalt gepresstes Olivenöl

Für den Orangen-Quinoa-Taboulé
100 g Quinoa
Meersalz und schwarzer Pfeffer aus der Mühle
4 große Bund frische Petersilie, grob gehackt
1 großer Bund Minze, fein gehackt
1 kleine Orange, geschält und in kleine Würfel geschnitten
½ rote Zwiebel, fein gewürfelt
Saft von ½ Zitrone
½ TL Zimt

Zum Anrichten
Kerne von 1 Granatapfel

Den Backofen auf 180 °C (Gas Stufe 4) vorheizen.

Die Pilze putzen und dabei die Stiele entfernen. Die Pilzköpfe mit der Unterseite nach oben auf ein Backblech legen, mit Olivenöl beträufeln und etwa 15 Minuten im Ofen backen, bis sie weich und saftig sind.

In der Zwischenzeit die Quinoa in einem Sieb spülen und abtropfen lassen. In einen Topf geben, mit 250 ml Wasser aufgießen und eine Prise Meersalz hinzufügen. Kurz zum Kochen bringen, die Hitze reduzieren und die Quinoa 15–20 Minuten leicht köcheln lassen. Etwas abkühlen lassen, dann mit den Zutaten für den *Taboulé* in eine Schüssel füllen und vermischen.

Die Pilze aus dem Ofen nehmen, leicht abkühlen lassen und mit der Unterseite nach oben auf einer Servierplatte anrichten. Den *Taboulé* auf den Pilzen verteilen und mit Granatapfelkernen bestreuen. Das Gericht sofort servieren. Falls man das Gericht im Voraus zubereitet, hält sich der Salat in einem luftdichten Behältnis im Kühlschrank 3–5 Tage. Die Pilze sollten allerdings frisch vor dem Servieren zubereitet werden.

Süßkartoffel-Gnocchi mit Grünkohl-Haselnuss-Pesto

In meiner Zeit in Italien habe ich viele verschiedene Arten von Gnocchi probiert, aber ein kulinarisches Erlebnis werde ich in besonders guter Erinnerung behalten. Das Restaurant führte eine alte Frau mit wunderschön runzeligem Gesicht. Ihre Familie huschte zwischen den Tischen umher, fragte die Gäste nach persönlichen Vorlieben, ging damit zu ihr, und die alte Dame kreierte für jeden eine dementsprechende Mahlzeit. »Si preferisce bistecca o pollo stasera?« (»Möchten Sie heute Abend Steak oder Hühnchen?«), wurde ich gefragt. »Mi dispiace, ma io non mangio carne.« (»Tut mir leid, aber ich esse kein Fleisch.«) Der junge Mann blickte überrascht drein und winkte seine Großmutter an unseren Tisch, um mich zur Rede zu stellen. Sie erklärte, sie hätten das beste Fleisch in ganz Rom und sei sich sicher, dass ich es lieben würde. Ich könne doch wenigstens das Hühnchen versuchen. Ich blieb stur, und enttäuscht sagte sie, sie würde mir etwas Einfaches kochen. Ihre selbst gemachten Gnocchi mit Pesto waren vielleicht das schlichteste Gericht in ihrer Küche, für mich jedoch waren sie das Paradies. Ich bin mir sicher, dass ihre Gnocchi nicht glutenfrei oder aus Süßkartoffeln waren, unsere aber sind es. Sie haben einen leicht nussigen Geschmack, eine hübsche orange Farbe und eine wunderbar weiche Konsistenz. – *David*

Für die Gnocchi
1 Süßkartoffel (etwa 250 g)
1 Ei, verquirlt
½ TL Meersalz
¼ TL Muskat, frisch gerieben
60 g Quinoamehl
80 g Reismehl
2 EL Kartoffelmehl (alternativ Mais- oder Pfeilwurzmehl)
optional etwas Olivenöl zum Beträufeln

Für das Grünkohl-Haselnuss-Pesto
75 g Haselnüsse
100 g Grünkohl, von harten Stängeln befreit
1 Handvoll frische Basilikumblätter
4 EL Pecorino, frisch gerieben
Saft von ½ Zitrone
90 ml kalt gepresstes Olivenöl

Den Backofen auf 220 °C (Gas Stufe 7) vorheizen.

Die Süßkartoffel halbieren und (mit der Schnittfläche nach unten) auf ein mit Backpapier ausgelegtes Backblech legen. Auf mittlerer Schiene etwa 30 Minuten backen, bis sie weich ist, dann auf Handwärme auskühlen lassen.

In der Zwischenzeit für das Pesto die Nüsse in einer Pfanne bei mittlerer Hitze rösten, bis sie golden schimmern und die Häutchen aufgeplatzt sind. Die Nüsse aus der Pfanne nehmen, mit einem rauen Geschirrtuch von den Häutchen befreien und zusammen mit den restlichen Pestozutaten im Standmixer (alternativ mit dem Stabmixer) auf höchster Stufe bis zur gewünschten Konsistenz pürieren (dabei Wasser hinzufügen, falls nötig).

Für den Teig das Fleisch der Süßkartoffel mit einem Esslöffel aus der Schale lösen und in einer Schüssel mit einer Gabel zerdrücken. Ei, Salz und Muskat dazugeben und unterrühren.

Die Mehlsorten in eine Schüssel sieben und vermischen. Zwei Drittel der Mehlmischung zügig unter die Süßkartoffelmasse mengen, bis alles gut zusammenhält. Die Arbeitsfläche mit Mehl bestäuben, den Teig daraufgeben. Mit den Händen solange noch mehr von der restlichen Mehlmischung einarbeiten, bis der Teig feucht, aber nicht mehr klebrig ist.

Den Teig in vier Portionen teilen. Die Arbeitsfläche mit Mehl bestäuben und ein Teigviertel zu einer langen,

1 cm dicken Rolle formen. Mit einem Messer oder einem Teigspatel die Rolle in 2,5 cm lange Nocken schneiden. Eine Gabel einmehlen, je eine Teignocke mit der Schnittfläche nach oben auf die Arbeitsfläche legen, und die Teignocken mit dem Gabelrücken so eindrücken und rollen, dass eine Riffelung entsteht. Oder die Gabelzinken einfach auf die Gnocchi drücken – dann sind sie eher viereckig, schmecken aber genauso gut.

Die restlichen Teigviertel auf die gleiche Weise zu Gnocchi verarbeiten.

In einem großen Topf bei mittlerer Hitze gesalzenes Wasser zum Kochen bringen. Vorsichtig etwa 15 Gnocchi hineingeben. Wenn sie an die Oberfläche steigen (nach etwa 1 Minute), noch 30 Sekunden garen lassen und dann mithilfe eines Schaumlöffels herausheben. Die gegarten Gnocchi warm stellen und die restlichen Gnocchi auf gleiche Weise garen.

Die Gnocchi nach Belieben mit ein paar Löffeln *Grünkohl-Haselnuss-Pesto* vermengen und mit etwas Olivenöl beträufelt sofort servieren.

Oder die vorgegarten Gnocchi mit Ölivenöl beträufeln (damit sie nicht zusammenkleben) und später in einer eingefetteten Pfanne zusammen mit Gemüse oder einer anderen Sauce anbraten.

Tipp: Grünkohl ist eine der gesündesten Gemüsesorten und man sollte ihn öfter mal auf den Speiseplan setzen. Ein einfacher Trick, um sich und seinen Kindern eine Extraportion Grünkohl zu verabreichen, ist, ihn in Pestos, Dressings oder Smoothies zu mischen. Durch das Pürieren wird das Gemüse leichter verdaulich, und man nimmt Superfood zu sich, ohne es zu merken.

a

4 PORTIONEN / GLUTENFREI

Gefüllte Thanksgiving-Kürbisse

Vor ein paar Jahren waren wir während Thanksgiving in den USA. In Skandinavien wird dieses Fest nicht gefeiert, und so waren wir auf den Riesenwirbel, der in Amerika um diesen Feiertag gemacht wird, nicht gefasst. Entfernte Verwandte von David hatten uns eingeladen. Sie wollten uns ein anständiges Festmahl bieten und hatten eine imposante Tafel vorbereitet, voll mit süßen Pasteten, Rosenkohlsalat, Kartoffeln, Saucen und … dem größten Truthahn, den wir je gesehen hatten. Leider hatte David vergessen, ihnen ein winziges Detail mitzuteilen: nämlich, dass er Vegetarier ist. Er brachte es nicht übers Herz, seine wohlmeinenden Gastgeber zu enttäuschen, und warf mir panisch flehende Blicke zu. Den ganzen Abend über schmuggelte er vorsichtig die Truthahnstücke von seinem Teller auf meinen und aß nur die Beilagen. Nach diesem Erlebnis wuchs in uns die Überzeugung, dass Vegetarier ihr eigenes Thanksgiving-Gericht bräuchten, anstatt immer nur Beilagen abzubekommen. Diese gefüllten Kürbisse sind unsere Version eines Thanksgiving-Hauptgerichts. Sie sind mit einer Mischung aus Reis, köstlichem Herbstgemüse, Pistazien, Rosinen und Zimt gefüllt. Hier haben wir kleine Hokkaidos verwendet, aber auch die größeren Moschuskürbisse eignen sich gut, sie haben nur eine etwas längere Garzeit. – *Luise*

2 kleine Hokkaidokürbisse
1 EL kalt gepresstes Kokosfett (oder Olivenöl) zum Einreiben

Für die Füllung
1 EL kalt gepresstes Kokosfett (oder Olivenöl)
400 g Vollkornreis (egal, welche Farbe)
2 große Zwiebeln, fein gehackt
2 Handvoll Pilze Ihrer Wahl, grob gehackt
6 Grünkohlblätter (oder Kohl Ihrer Wahl), von Strunk und harten Teilen befreit, grob gehackt
100 g geschälte Pistazien, grob gehackt
Blätter von 4 Zweigen Minze, gehackt
3 EL Rosinen
½ TL Zimt
150 g Feta-Käse, zerkrümelt

Den Reis in einem Sieb spülen und abtropfen lassen. Zusammen mit 1,2 l Wasser in einen Topf geben und aufkochen lassen. Die Hitze reduzieren, den Deckel auflegen und den Reis in etwa 40 Minuten gar kochen.

In der Zwischenzeit die Deckel der Kürbisse abschneiden und die Kerne entfernen. Die Kürbisse innen mit Öl einreiben und in einem offenen Bräter beiseitestellen.

Den Backofen auf 200 °C (Gas Stufe 6) vorheizen.

In einer großen Pfanne das Öl erhitzen und Zwiebeln, Pilze und Kohl darin bei mittlerer Hitze anbraten, bis das Gemüse weich und gar, aber nicht braun ist. Vom Herd nehmen, Pistazien, Minze, Rosinen und Zimt dazugeben und alles gut verrühren. Den gekochten Reis und den Feta unter das Gemüse mischen.

Die Füllung in die eingeölten Kürbisse geben, die Kürbisdeckel aufsetzen und die gefüllten Kürbisse im Ofen 20–30 Minuten backen, bis die Haut braun ist und Blasen wirft. Mit einem Messer prüfen, ob das Kürbisfleisch weich geworden ist und das Festessen heiß servieren. Reste halten sich im Kühlschrank 3–5 Tage.

Gebackener Blumenkohl mit Chermoula

Chermoula ist eine Marinade der marokkanischen Küche, mit der normalerweise Fisch und Fleisch gewürzt wird. Sie schmeckt intensiv nach Kräutern, Knoblauch, Zitrone und Safran, und es schien uns ungerecht, dass Vegetariern eine derartige Gaumenfreude oft vorenthalten bleibt. Luise hatte die Idee, einen ganzen Blumenkohl mit *Chermoula* einzureiben und zu backen, bis er außen goldbraun knusprig und innen butterweich ist. Hier servieren wir ihn mit einem frischen, aromatischen *Fattoush*-Salat und Fladenbrot (wir mögen das Brot lieber als Beilage, anstatt es in Stücke zu reißen und in den Salat zu geben, wie es häufig gemacht wird). Als alternative Beilage böte sich auch ein einfacher grüner Salat an. – *David*

2 Knoblauchzehen
2 TL gemahlener Kreuzkümmel
2 TL gemahlener Koriander
1 TL getrocknete Chiliflocken
1 TL Paprikapulver
1 TL gemahlener Ingwer (oder frischer Ingwer, gerieben)
¼ TL Safranpulver (oder ein paar Safranfäden)
½ TL Meersalz
Saft von 1 kleinen Zitrone
2 EL kalt gepresstes Olivenöl (alternativ Kokosfett oder Ghee)
1 Blumenkohl, von Blättern befreit

Den Knoblauch mit dem Messerrücken fein zerdrücken (dabei die Schalen entfernen) und mit den restlichen Zutaten (bis auf den Blumenkohl) in einer Schüssel vermischen.

Den Blumenkohl auf ein mit Backpapier ausgelegtes Backblech setzen. Die *Chermoula*-Marinade darübergießen, mit den Händen in den Blumenkohl reiben, dann den Blumenkohl 1–12 Stunden marinieren lassen.

Den Backofen auf 200 °C (Gas Stufe 6) vorheizen.

Den Blumenkohl 30–40 Minuten im Ofen backen, bis er außen goldbraun und knusprig ist. Mit einem scharfen Messer prüfen, ob der Blumenkohl innen durch und durch weich ist (die Backzeit hängt vom Ofen und von der Größe des Blumenkohls ab).

Den Blumenkohl warm und nach Belieben mit Fattoush-Salat servieren.

Fattoush-Salat

Für den Salat
2 Salatgurken, in Scheiben geschnitten
500 g Kirschtomaten, halbiert (rote und gelbe gemischt wäre perfekt)
1 große Handvoll Radieschen, in dünne Scheiben geschnitten
1 rote Zwiebel, in Ringe geschnitten
30 g glatte frische Petersilienblätter, grob gehackt
15 g frische Minzeblätter, grob gehackt
1 Romanasalat, zerpflückt

Für das Dressing
60 ml kalt gepresstes Olivenöl
60 ml Zitronensaft
2 EL gemahlener Sumach
1 EL Granatapfelsirup (oder Honig)
2 Knoblauchzehen, zerdrückt
1 EL Apfelessig

Zum Anrichten
Fladenbrot (oder Rohsamen-Kräcker)
optional Naturjoghurt

Das Gemüse und die Kräuter in eine große Salatschüssel geben.

Die Zutaten für das Dressing in einem Schälchen verquirlen, über den Salat gießen und alles gut vermischen.

Mit Fladenbrot (oder Rohsamen-Kräckern) und Naturjoghurt servieren.

4 PORTIONEN / VEGAN / GLUTENFREI

Curry mit Zitronengras, Auberginen & Rosenkohl

Dies ist ein einfaches grünes Thai-Curry mit einem frischen Hauch Zitronengras, einer süßen Note von Äpfeln und einem milden Touch durch die Kokosmilch. Es ist von einem der vielen Currys inspiriert, die wir in Thailand probiert haben. Vor Ort verwendet man kleine, halbierte Thai-Auberginen. Da diese in Skandinavien aber schwer zu bekommen sind, ersetzen wir sie durch herkömmliche Auberginen. Wenn Rosenkohl gerade keine Saison hat, kann man ihn durch jeden anderen in mundgerechte Stücke geschnittenen Kohl ersetzen.

Für das Curry
2 EL kalt gepresstes Kokosfett (oder Olivenöl)
4 Knoblauchzehen, fein gehackt
1 Stück (2,5 cm) frischer Ingwer, fein gehackt
2 Stängel Zitronengras, zerdrückt und sehr fein gehackt
½ TL getrocknete Chiliflocken
2 TL gemahlene Kurkuma (oder frische Kurkumawurzel, gerieben)
1 TL Senfsamen, im Mörser zerstoßen
1 Aubergine, in kleine Stücke geschnitten
2 kleine Äpfel, geschält, vom Kerngehäuse befreit und in Würfel geschnitten
1 EL Apfelessig
1 Dose vollfette Kokosmilch (400 ml)
300 g Rosenkohlröschen, halbiert
1 TL feines Meersalz
1 große Handvoll frische Thai-Basilikum- und Korianderblätter, gemischt

Zum Anrichten
schwarzer Reis
Salat

In einem großen Topf bei mittlerer Hitze das Kokosfett erhitzen. Knoblauch und Gewürze hinzufügen und die Hitze reduzieren. Ein paar Minuten unter ständigem Rühren anbraten. Nach und nach die Auberginenstücke dazugeben und sicherstellen, dass alle mit dem Würzöl bedeckt sind. Dann die Äpfel, 250 ml Wasser sowie den Apfelessig zugeben und den Deckel auflegen. Das Gemüse 15–20 Minuten garen, bis die Auberginenstücke weich sind. Kokosmilch, Rosenkohl und Meersalz hinzufügen und etwa 10 Minuten mitköcheln lassen.

Zuletzt das Thai-Basilikum und den Koriander unterrühren.

Mit schwarzem Reis und einem Salat servieren.

Reste halten sich im Kühlschrank 3–5 Tage.

6–8 PORTIONEN / VEGAN / GLUTENFREI

Schoko-Bohnen-Chili mit Walnüssen

In der mexikanischen Küstenstadt Playa del Carmen stießen wir auf ein sehr spezielles kleines Restaurant, in dem für alle Gerichte Schokolade verwendet wurde. Neugierig geworden, probierten wir ein paar der eher befremdlich klingenden Gerichte wie Schokoladensalat, Schoko-Ceviche und Schoko-Lasagne und fanden, dass nicht alles mit Schokolade besser schmeckt (die Desserts waren trotzdem der Hit). Ein mexikanisches Gericht aber, das uns mit Schokolade verfeinert überzeugte, war Bohnenchili bzw. *mole*. Unser Rezept ist eine Art Kombination aus *mole* und *Chili con carne*, eine Extraportion Walnüsse sorgt für einen knackigen Biss. Und noch gehaltvoller wird das Chili, wenn man 120 ml Wasser durch Rotwein ersetzt.

Für das Chili

2 El kalt gepresstes Kokosfett (alternativ Olivenöl oder Ghee)
1 große gelbe Zwiebel, fein gehackt
2 Knoblauchzehen, fein gehackt
2 TL Kreuzkümmelsamen (oder 1 TL gemahlener Kreuzkümmel)
1 frische Chilischote, von Stiel und Kernen befreit und fein gehackt (wer es scharf mag, nimmt mehr)
1 TL Paprikapulver
1 TL getrockneter Oregano
je 1 rote und gelbe Paprikaschote, von Stielen und Kernen befreit und gewürfelt
1 Karotte, gewürfelt
Körner von 2 Maiskolben (oder 150 g aufgetauter Tiefkühlmais)
2 große Stangen Staudensellerie (mit Grün), fein gewürfelt
150 g geschälte Walnüsse, sehr fein gehackt
300 g gemischte getrocknete Bohnen (z. B. Schwarze, Kidney-, Adzuki-, Schwarzaugen- oder Borlottibohnen), eingeweicht und gekocht (oder 3 Dosen gekochte gemischte Bohnen à 400 g, abgetropft)
2 Dosen geschälte Tomaten (à 400 g)
Meersalz und schwarzer Pfeffer aus der Mühle
60 g dunkle Schokolade (mindestens 80 % Kakaoanteil), grob geraspelt

Zum Anrichten

120 ml Naturjoghurt (oder eine vegane Alternative)
1 große Handvoll frische Korianderblätter, grob gehackt
4 Maistortillas, in der Pfanne geröstet

In einem großen Topf mit schwerem Boden bei mittlerer Hitze das Öl erhitzen. Zwiebel, Knoblauch, Kreuzkümmel, Chili, Paprikapulver und Oregano darin unter gelegentlichem Rühren anbraten, bis die Gewürze duften und die Zwiebel weich, aber nicht braun ist.

Paprikaschoten, Karotte, Mais und Staudensellerie hinzufügen und ein paar Minuten mitbraten. Walnüsse, Bohnen, Tomaten, 250 ml Wasser (optional 120 ml davon durch Rotwein ersetzen) und Salz zugeben.

Das Chilli kurz aufkochen lassen und die Hitze reduzieren. Das Ganze 20 Minuten köchlen lassen, vom Herd nehmen, die Schokolade einrühren und alles noch ein paar Minuten köcheln lassen. Das Chilli mit Salz und Pfeffer abschmecken.

Auf Schüsselchen verteilen, mit etwas Joghurt sowie Korianderblättern garnieren und mit Maistortillas servieren.

Reste halten sich im Kühlschrank 3–5 Tage.

Tajine nach Berber-Art

Bei unserem Aufenthalt in Marrakesch im vergangenen Jahr wollten wir aus erster Hand lernen, wie man Gemüse in einer Tajine richtig gart. Wir besuchten eine marokkanische Mutter und schauten ihr über die Schulter, als sie eine Tajine zubereitete. Fouzias Methode war komplizierter, als wir angenommen hatten: Sie dämpfte viele der Gemüsesorten separat und vermischte sie erst gegen Ende der Garzeit in der Tajine. Es schmeckte wunderbar aromatisch, dennoch ist unsere Rezeptversion unkomplizierter – wir garen alle Gemüsesorten gleichzeitig langsam in der Tajine.

Für die Tajine

90 ml kalt gepresstes Olivenöl (oder geschmolzenes Ghee) plus etwas Olivenöl zum Anbraten
1 TL gemahlener Ingwer
1 TL Paprikapulver
½ TL schwarzer Pfeffer aus der Mühle (oder Cayennepfeffer)
1 TL gemahlene Kurkuma
¼ TL Safranpulver (oder ein paar Safranfäden)
1 TL getrockneter Thymian
2 Zwiebeln, fein gehackt
2 große Tomaten, gewürfelt
4 Karotten, längs in Streifen geschnitten
4 Pastinaken (oder Steckrüben), längs in Streifen geschnitten
2 Süßkartoffeln, längs in Streifen geschnitten
1 Zucchini, längs in Streifen geschnitten
1 Handvoll gelbe oder braune Rosinen
1 Zwiebel, in Ringe geschnitten
1 Tomate, in Scheiben geschnitten
1 Handvoll frische Petersilienblätter, grob gehackt

Zum Anrichten

grüner Salat
Brot, Quinoa oder Hirse

ZUBEREITUNG IN DER TAJINE (ODER IM LEHMTOPF)

Die Tajine (oder den Lehmtopf) mindestens 1 Stunde wässern, dann das Wasser abgießen. In einer Schüssel Öl und Gewürze verrühren. Die Hälfte der Mischung in die Tajine geben, die gehackten Zwiebeln und gewürfelten Tomaten hinzufügen und alles miteinander vermengen. Das Gemüse ringförmig in die Tajine legen: zuerst die Karotten, dann die Pastinaken, Süßkartoffeln und dann die Zucchini. 400 ml Wasser zu der restlichen Gewürzölmischung geben, alles gut verrühren und über das Gemüse gießen. Die Rosinen darüberstreuen und den Tajine-Deckel aufsetzen. In den kalten Backofen stellen und diesen auf 160 °C (Gas Stufe 3) anheizen. Das Gemüse für 2 Stunden im Ofen garen, dabei ein- bis zweimal prüfen, ob noch die Zugabe von Wasser nötig ist. Den Ofen ausschalten und die Tajine noch 30 Minuten darin stehen lassen. In einer Pfanne etwas Öl erhitzen und Zwiebelringe und Tomatenscheiben darin kurz weich braten. Das Gemüse in der Tajine damit garnieren und mit Petersilie bestreut servieren.

ZUBEREITUNG IM TOPF MIT SCHWEREM BODEN

Im Topf das Öl auf mittlerer Stufe erhitzen. Die Gewürze mit den gehackten Zwiebeln und Tomatenwürfeln im Öl anbraten, bis die Zwiebeln weich, aber nicht braun sind. Alles Gemüse dazugeben und durchmischen, um die Gewürzölmischung gleichmäßig zu verteilen. So viel Wasser angießen, dass das Gemüse gerade eben bedeckt ist, und die Rosinen obenauf geben. Das Ganze zum Kochen bringen, die Hitze reduzieren und alles 30–40 Minuten köcheln lassen, bis das Gemüse gar ist. In einer Pfanne Zwiebelringe und Tomatenscheiben in etwas Öl weich anbraten, aufs Gemüse geben und Petersilie darüberstreuen. Mit grünem Salat und Brot, Quinoa oder Hirse servieren.

Polenta mit Pilzen & Artischocken

Zu diesem Rezept hat uns ein Gericht in einem wunderbaren kleinen Restaurant in Barcelona inspiriert, das wir zufällig im El-Born-Viertel entdeckt, aber nie wiedergefunden haben. Wir suchten noch etliche Male erfolglos danach, aber immer wieder verliefen wir uns in den verwinkelten Gassen. Soweit wir uns erinnern, servierte man uns ein köstliches Polentagericht als Vorspeise, das wir zu Hause nachgekocht haben. In dem Restaurant bereitete man die Polenta fast so fest wie einen Kuchen zu, wir aber kochen die Polenta weich und cremig. Um die gewünschte Konsistenz zu erzielen, gießen wir (wie bei Risotto) während des Garens immer wieder schöpflöffelweise Flüssigkeit zu. Die Polenta krönen wir mit gebratenen Pilzen, Artischockenherzen und 1–2 Scheiben Ziegenkäse.

Für die Polenta
150 g grober Polentagrieß
1–2 TL feines Meersalz (nach Geschmack)
4 EL kalt gepresstes Olivenöl (alternativ Ghee oder 50 g Butter)

Für das Topping
2 Knoblauchzehen, zerdrückt
250 g braune Champignons (Crimini), geviertelt
150 g eingelegte Artischockenherzen, abgetropft und geviertelt
Blätter von 4 Zweigen frischem Thymian, abgezupft
4–8 Scheiben Ziegenkäse, je nach Größe
kalt gepresstes Olivenöl zum Beträufeln

In einem Topf mit schwerem Boden 1 l Wasser zum Kochen bringen, gleichzeitig 0,5 l Wasser in einem separaten Topf erhitzen. Polenta und Salz in den ersten Topf einrühren. Die Hitze sofort stark reduzieren und die Polenta unter ständigem Rühren köcheln lassen, bis der Grieß das Wasser aufgesogen hat. Die Polenta weiter köcheln lassen und alle 5 Minuten etwas heißes Wasser aus dem zweiten Topf angießen, bis der Maisbrei nach etwa 45 Minuten dick und cremig ist und sich vom Topfrand löst. Dann die Hälfte des Olivenöls einrühren.

Das restliche Öl in einem separaten Topf auf mittlerer Stufe erhitzen. Knoblauch und Pilze darin einige Minuten anbraten. Dann Artischockenherzen und Thymian dazugeben und mitbraten, bis das Gemüse zart und saftig ist.

Das Gemüse an den Topfrand schieben und die Ziegenkäsescheiben auf beiden Seiten etwa 1 Minute in der Topfmitte bräunen.

Die Polenta auf Teller verteilen und das Gemüse und den Ziegenkäse darauf anrichten. Das Gericht mit etwas Olivenöl beträufeln und servieren.

Blumiges Eier-Curry

Wir vertilgen Eier in allen erdenklichen Varianten, vom morgendlichen Rührei bis hin zu Crêpes als Dessert. Verbinden wir Eier mit einer anderen Angelegenheit, die uns sehr am Herzen liegt (der indischen Küche), kommt dieses schmackhafte Gericht heraus. Eier-Currys sind in allen Landesteilen Indiens zu finden und werden der Tradition nach mit hart gekochten Eiern zubereitet, wir aber schlagen die Eier direkt über dem Curry auf und lassen sie langsam in der Sauce stocken, sodass die Eier hübsch rüschig-blumig aussehen, sobald sie fast fest sind. Dieses Gericht spart nicht an indischen Gewürzen, und Minze verleiht ihm einen frischen Touch. Wir servieren das Curry mit Naan-Brot oder Chapatis, um damit die Sauce aufzutunken – oder mit schwarzem Reis, wenn man eine hungrige Meute zu verköstigen hat. Zum Garnieren bevorzugen wir rote Perilla-Minze, man kann aber auch herkömmliche grüne Minze verwenden.

Für das Curry
2 EL Ghee (oder kalt gepresstes Kokosfett)
½ TL gelbe Senfsamen
1 Zwiebel, fein gehackt
2 Knoblauchzehen, fein gehackt
1 TL frischer Ingwer, fein gehackt
½ TL Chilipulver (oder mehr nach Geschmack)
½ TL gemahlene Kurkuma
½ TL Garam Masala
2 Dosen geschälte Tomaten (à 400 g)
1 TL Meersalz
Blätter von 4 Zweigen Perilla-Minze (oder anderer Minze), grob gehackt
300 g frisch gepalte (oder aufgetaute tiefgekühlte) Erbsen
4 EL Kokoscreme (die feste obere Schicht von vollfetter Kokosmilch)
6 Eier
optional ein paar Schwarzkümmelsamen

Zum Anrichten
Beilagensalat
Vollkornreis, Chapatis oder Naan-Brote

In einer Pfanne auf mittlerer Stufe das Ghee erhitzen, die Senfsamen hinzufügen und etwa 1 Minute braten, bis sie anfangen aufzuplatzen. Zwiebel, Knoblauch und Ingwer dazugeben und anbraten, bis die Mischung aromatisch duftet. Chilipulver, Kurkuma und Garam Masala unterrühren und etwa 30 Sekunden mitbraten. 120 ml Wasser angießen und nach etwa 5 Minuten Tomaten und Meersalz unterrühren.

Den Deckel auflegen und das Curry 20 Minuten köcheln lassen. Erbsen, Kokoscreme und die Hälfte der Minze einrühren. 6 Vertiefungen ins Curry drücken und die Eier direkt über den Mulden aufschlagen. Den Deckel auflegen und das Curry nochmals etwa 5 Minuten sanft köcheln lassen, bis die Eiweiße gestockt sind.

Mit der restlichen Minze (und optional mit Schwarzkümmelsamen) bestreuen und mit Beilagen servieren.

ALL
SPROUTS
SERVED
FRESH
FOR YOU

buvette
monday -
saturday -

Pilz-Tofu-Teigtaschen

»Wo bu chi rou« (»Ich esse kein Fleisch«), sagte ich mit meiner bestmöglichen chinesischen Aussprache, aber ich kassierte nur Kopfschütteln. »I am a vegetarian«, sagte ich langsam, als könnte das etwas nützen. Immer noch nichts. Ein sehr netter Blog-Leser hatte uns für unsere Reise nach Peking eine Liste chinesischer Redewendungen geschickt, aber leider half uns keine davon weiter. So kam es, dass wir in unseren fünf Tagen in China nicht so viel köstliches Essen bekamen, wie wir gehofft hatten. Die einzige Ausnahme bildete ein Dim-Sum-Restaurant, dessen Besitzer schließlich das Wort »vegetarian« verstand. Er servierte uns ein ganzes Tablett voll köstlicher Teigtäschchen mit Shiitake-Füllung und einem wahren Ozean verschiedener Saucen und Aromen. Wir waren im Himmel! Am einfachsten bereitet man glutenfreie Teigtaschen mit Reispapier zu. Sie sind leicht zu verarbeiten und schmecken sowohl gedämpft als auch gebraten oder gebacken toll. Für die Füllung kann man verwenden, was gerade verfügbar ist. – *David*

Für die Teigtaschen
1 EL kaltgepresstes Kokosfett
1 Zwiebel, fein gehackt
1 Stück frischer Ingwer (etwa 5 cm), fein gehackt
1 Handvoll Shiitakepilze (oder Austernpilze), grob gehackt
¼ Kohlkopf, fein gehobelt
200 g gentechnikfreier Bio-Tofu, zerkrümelt
1 Packung Reispapierblätter (Durchmesser etwa 18 cm)

Für den Sesam-Soja-Dip
2 EL gentechnikfreie Bio-Sojasauce
1 TL klarer Honig (vorzugsweie nicht erhitzt)
1 TL Sesamsamen
ein kleines Stück frische Chilischote, in dünne Ringe geschnitten

Für das Gemüse
1 Brokkoli, in Röschen zerteilt
¾ Kohlkopf, in lange Streifen geschnitten
1 Pak Choi (Senfkohl), in lange Streifen geschnitten

Zum Anrichten
Trockenpflaumensauce (siehe S. 243)

Für die Füllung in einer Pfanne auf mittlerer Stufe das Fett erhitzen. Zwiebel und Ingwer darin in ein paar Minuten weich (aber nicht braun) braten. Pilze und Kohl dazugeben und etwa 5 Minuten mitbraten. Den Tofu untermischen. Vom Herd nehmen und beiseitestellen.

Eine Schüssel mit heißem Wasser auf die Arbeitsfläche stellen. Ein Reispapierblatt ein paar Sekunden ins Wasser tauchen, bis es formbar (aber nicht allzu weich) ist, und auf einen Teller legen. Einen Löffel Füllung in die Mitte des Blattes geben und die Tasche verschließen, indem man das Reispapier über der Füllung zusammendreht. Die restlichen Taschen ebenso herstellen, bevor sie gedämpft werden.

Alle Zutaten für den Dip mit 2 EL Wasser in einer kleinen Schüssel verrühren (und, falls nicht schon vorbereitet, die Trockenpflaumensauce zubereiten).

Die Teigtaschen in einem Dämpfeinsatz oder Metallsieb mit Deckel über einem Topf mit köchelndem Wasser ein paar Minuten dämpfen. Stehen stapelbare Dämpfeinsätze zur Verfügung, kann gleichzeitig das Gemüse gedämpft werden. Falls nicht, zuerst die Teigtaschen dämpfen und warm stellen, dann das Gemüse dämpfen. Werden die Teigtaschen nicht gleich serviert, im Dämpfeinsatz auf Backpapier setzen, damit sie nicht am Boden ankleben und beim Hochheben reißen. Mit Dip und Sauce servieren.

Gebratener roter Reis

Gebratener Reis steht in jedem asiatischen Land auf allen Speisekarten. Wer Kinder dabei hat und Currys für zu scharf befindet, hat mit gebratenem Reis immer eine gute und einfache Option, jedenfalls gilt das für unsere Familie, denn mit gerade mal neun Monaten mampfte Elsa bereits genüsslich Reis mit Gemüse und Tofu. Unsere Version bereiten wir aus Vollkornreis zu, der dem Gericht Biss und einen robustenTouch verleiht. Einer der Tricks, damit das Gericht gelingt, besteht darin, das Gemüse nur kurz in der Pfanne zu braten, damit es frisch und knackig bleibt. Ein zweiter Kniff ist es, den gekochten Reis möglichst trocken in die Pfanne zu geben, damit das Gericht nicht pampig wird. Gebratener Reis ist ideal, um Reis- oder Gemüsereste zu verwerten, weil man leicht improvisieren und Zutaten austauschen kann. Für eine vegane Version können die Eier durch Tofu oder Tempeh ersetzt werden.

Für die Reispfanne

200 g roter, brauner oder anderer Vollkornreis
1 EL kalt gepresstes Kokosfett (alternativ Ghee oder Olivenöl)
1 große Karotte, halbiert und der Länge nach geviertelt und dünn gehobelt
1 große Handvoll Austernpilze, klein geschnitten
2 Fühlingszwiebeln, klein geschnitten
½ Pak Choi (Senfkohl) oder 1 große Handvoll Spinat, dünn geschnitten
Meersalz und schwarzer Pfeffer aus der Mühle
2 Eier, verquirlt (alternativ Tofu oder Tempeh, in kleine Würfel geschnitten)

Zum Anrichten

60 g Cashewkerne, in der Pfanne geröstet
1 große Handvoll frische Thai-Basilikumblätter

Den Reis spülen, abtropfen lassen und mit 500 ml Wasser in einen Topf geben. Aufkochen lassen, die Hitze reduzieren, den Deckel auflegen und den Reis auf mittlerer Stufe 25–30 Minuten sanft köcheln lassen, bis alles Wasser verdampft ist. Den Reis 10 Minuten ruhen lassen, damit er möglichst trocken ist.

In einer Pfanne das Fett erhitzen und das Gemüse darin ein paar Minuten unter Rühren anbraten. Mit Salz und Pfeffer abschmecken. Den Reis dazugeben und 1 Minute mitbraten. Die Eier unterrühren, bis sie gestockt sind.

Mit Cashewkernen und Thai-Basilikum garniert servieren.

Vegane Moussaka mit Süßkartoffeln & Auberginen

Als ich viele Sommer mit Inselhüpfen in Griechenland verbrachte, war Gemüse-Moussaka stets ein zuverlässiger Begleiter beim Abendessen. Oft wird Moussaka mit Unmengen von Käse überbacken, wodurch sie sehr fettig wird – wir lassen den Käse weg und ersetzen ihn durch eine vegane Béchamelsauce. Dennoch ist unsere Moussaka wunderbar sättigend, denn durch die Zugabe von Linsen wird sie zu einer sehr nahrhaften Mahlzeit.

2 Auberginen, in sehr dünne Scheiben geschnitten
2 EL kalt gepresstes Olivenöl
Meersalz
2 Süßkartoffeln, geschält und in sehr dünne Scheiben geschnitten (bis zur Weiterverarbeitung in einer Schüssel mit kaltem Wasser bedeckt)

Für die Linsen-Tomaten-Sauce
2 EL kalt gepresstes Olivenöl (oder Kokosfett)
1 große Zwiebel, fein gehackt
2 Knoblauchzehen, fein gehackt
1 TL Zimt
2 TL getrockneter Oregano
2 EL Tomatenmark
250 g grüne Linsen (vorzugsweise bereits 1–8 Stunden eingeweicht und dann abgegossen)
1 Dose geschälte Tomaten (à 400 g)
1 TL Meersalz

Für die vegane Béchamelsauce
2 EL kalt gepresstes Olivenöl, plus etwas Olivenöl zum Beträufeln (optional)
4 EL Kichererbsenmehl (oder anderes Mehl Ihrer Wahl)
500 ml ungesüßte Pflanzenmilch (Mandelmilch, gentechnikfreie Bio-Sojamilch, Hafermilch etc.)
¼ TL Muskat, frisch gerieben
Meersalz und schwarzer Pfeffer aus der Mühle

Zum Anrichten
frische Keimlinge oder Sprossen

Den Backofen auf 200 °C (Gas Stufe 6) vorheizen. Die Auberginenscheiben über einem Backblech auf einen Grillrost legen. Dünn mit Öl bepinseln, mit Meersalz bestreuen und im Ofen rösten, bis sie weich und leicht gebräunt sind (etwa 10 Minuten, je nach Dicke).

Für die Linsen-Tomaten-Sauce in einem Topf das Öl erhitzen. Zwiebel, Knoblauch, Zimt und Oregano darin anbraten, bis sie duften, dabei gelegentlich umrühren. Das Tomatenmark unterrühren, dann Linsen, 600 ml Wasser und Tomaten dazugeben. Aufkochen lassen, die Hitze auf mittlere Stufe reduzieren und alles 30–40 Minuten köcheln lassen, bis die Linsen weich sind und die Sauce sämig ist.

Für die Béchamelsauce in einem kleinen Topf auf mittlerer Stufe das Öl erhitzen. Mit einem Kochlöffel das Mehl einrühren, bis die Mehlschwitze zäh und leicht gebräunt ist. Unter ständigem Rühren mit einem Schneebesen zunächst die Hälfte der Pflanzenmilch, dann die restliche Pflanzenmilch einrühren, bis eine sämige Sauce entstanden ist. Die Béchamelsauce mit Muskat sowie Salz und Pfeffer abschmecken, dann unter ständigem Quirlen erhitzen, bis sie aufkocht und eindickt.

Den Backofen auf 180 °C (Gas Stufe 4) herunterschalten. In einer Auflaufform ein Drittel der Auberginenscheiben auslegen. Mit der Hälfte der Süßkartoffelscheiben und der Hälfte der Linsen-Tomaten-Sauce bedecken und diese Schichtung wiederholen. Die restlichen Auberginenscheiben darauf verteilen und die Béchamelsauce darübergießen. 35–40 Minuten backen. Mit einem scharfen Messer testen, ob die Süßkartoffeln weich geworden sind. Die Moussaka aus dem Ofen nehmen und 30 Minuten abkühlen lassen.

Falls die Moussaka zu trocken wirkt, vor dem Servieren mit etwas Olivenöl beträufeln.

KAPITEL 6

Getränke

Sri-lankischer Passionsfrucht-Avocado-Smoothie

Avocados und Passionsfrüchte (Maracuja) bilden auf den ersten Blick eine seltsame Kombination, sorgen aber für Cremigkeit und Frische in diesem Smoothie, der uns in einer unserer Lieblingsunterkünfte auf Sri Lanka als Begrüßungsdrink gereicht wurde. Heute sind Passionsfüchte eine wesentliche Zutat unserer Säfte und Smoothies, wann immer uns nach einem Hauch Frische und Exotik ist.

½ Avocado, vom Kern befreit und das Fruchtfleisch mit dem Löffel aus der Schale gelöst
3 große Passionsfrüchte, halbiert und das Fruchtfleisch mitsamt Kernen mit dem Löffel aus der Schale gelöst
2 dicke Scheiben Ananas, geschält und in Würfel geschnitten
½ reife Mango, geschält, das Fruchtfleisch vom Kern gelöst und in Stücke geschnitten
1 Orange, geschält und in Filets geteilt
4 Eiswürfel

Das Avocado- und Passionsfruchtfleisch zusammen mit allen übrigen Zutaten im Standmixer (oder mit dem Stabmixer in einem Rührbecher) zu einer glatten Mischung pürieren. Falls nötig, mit etwas Wasser verdünnen. In Gläsern mit Trinkhalmen servieren und sofort genießen.

Eiskalter Weizengras-Shooter für den Morgen

Das Foto zu diesem grünen Drink schossen wir an einem Saftstand auf dem Union Square Green Market in New York – dem Epizentrum des Gesundheitsbooms. Dort presst man das Weizengras mit einem manuellen Entsafter aus und die Leute stehen Schlange für diesen nicht allzu leckeren, aber unglaublich nahrhaften Kick. Zu Hause bereite ich meinen Weizengras-Shooter ein bisschen anders zu. Freilich wäre es cool, auf der Küchenanrichte eine Grassaftpresse stehen zu haben, aber es gibt gut ein Dutzend anderer Küchenhelfer, die für uns wichtiger sind. Anstelle von Weizengrassaft verwenden wir daher Weizengraspulver, das wir mit frischem Limettensaft und Ingwer anrühren und so geschmacklich aufpeppen. – *Luise*

2 Limetten, halbiert
1 Stück frischer Ingwer (etwa 2,5 cm), geschält
1 TL Weizengraspulver (oder mehr nach Belieben)

Zwei kleine Gläser ins Tiefkühlfach stellen (kurz oder lange, je nachdem, wie eilig man es hat). Die Limetten mit einer Zitronenpresse ausdrücken und den Ingwer mit einer feinen Reibe raspeln (oder maschinell entsaften).

Das Weizengraspulver gut mit dem Limettensaft und dem Ingwer verrühren.

Die Gläser aus dem Tiefkühlfach nehmen und den Saft einfüllen und sofort trinken. Cheers!

Grüner Yoga-Smoothie

Geschichtete Smoothies erfreuen nicht nur das Auge, sondern auch den Gaumen, weil sich der Geschmack beim Trinken verändert. Außerdem ist das die einzige Möglichkeit, grünes Gemüse und rote Beeren zu kombinieren, ohne eine hässliche Braunfärbung zu erzielen. Als eine der besten Smoothie-Bars, in denen ich je war, erwies sich überraschenderweise eine Strandbar gleich nördlich von Barcelona. Auf den ersten Blick meinte man, die tanzenden Barkeeper würden Cocktails shaken, doch sie mixten aus frischen Früchten, diversem Superfood und Nussmilch die erstaunlichsten Säfte und Smoothies. – *Luise*

1 reife Mango (etwa 250 g), geschält und das Fleisch vom Kern gelöst (aufgetaute tiefgekühlte Mango eignet sich auch)
Saft von ½ Zitrone
1 Stück frischer Ingwer (etwa 2,5 cm), geschält (oder ½ TL gemahlener Ingwer)
2 Handvoll Blattgemüse nach Belieben (Spinat, Grünkohl, Mangold etc.)
2 EL Hanfsamen
optional 1–2 EL Gerstensaftpulver (oder anderes Graspulver)
250 ml natürliches Kokoswasser (oder ungesüßte Trink-Kokosmilch)
1 große Handvoll Eiswürfel
200 g frische (oder aufgetaute tiefgekühlte) Himbeeren, zerdrückt

Alle Zutaten bis auf die Himbeeren in einem Turbomixer (alternativ im Standmixer oder mit dem Stabmixer in einem Rührbecher) zu einer glatten, geschmeidigen Masse mixen. Nach Belieben abschmecken.

Die Himbeeren auf zwei Gläser verteilen, den grünen Smoothie darübergeben und mit Löffeln servieren.

Tipp: Mit 1 TL Gerstensaftpulver pro Person beginnen und die Menge nach und nach auf bis zu 1 EL steigern.

4 GLÄSER / VEGAN / GLUTENFREI

Süße Cashew-Dattel-Milch

»Natural Plant Milkshake!« stand auf einem großen weißen Schild am Ende der Straße. Auf unserer Fahrt die amerikanische Westküste entlang hatten wir an praktisch jedem Bauernmarkt angehalten – einer der Gründe dafür waren diese Hippie-Schilder. Der Besitzer des Schildes schenkte uns aus einem großen Krug zwei Gläser mit einem köstlichen Pflanzenmilchshake ein und sagte, es handle sich dabei um ein Geheimrezept seiner Frau – und wie sehr wir ihn auch drängten, er verriet uns die Zutaten nicht. Das Getränk war unglaublich lecker und sobald wir eine Küche mit Mixer zur Verfügung hatten, begannen wir, zu experimentieren. Ich bin mir nicht sicher, ob wir alle Zutaten und deren Mengen richtig eingeschätzt haben, aber unser veganer Milchshake schmeckt ähnlich harmonisch süß, cremig und erfrischend. Die Wassermenge kann man abändern, je nachdem, wie üppig der Drink werden soll.

225 g rohe Cashewkerne
750 ml eisgekühltes Wasser
½ TL gemahlene Vanille (oder Vanilleextrakt)
½ TL Zimt (oder gemahlener Kardamom)
1 Prise grobes Meersalz
6 frische weiche Datteln, entkernt

Die Cashewkerne mit Wasser bedecken und etwa 8 Stunden (oder solange man eben Zeit hat) einweichen lassen.

Das Wasser abgießen und die Cashewkerne mit etwa 750 ml eisgekühltem Wasser (vorzugsweise gefiltert) und den anderen Zutaten im Standmixer (oder mit dem Stabmixer in einem Rührbecher) pürieren, bis die *Cashew-Dattel-Milch* glatt und cremig ist.

Sofort servieren oder im Kühlschrank bis zu 3 Tage aufbewahren.

2 GLÄSER / VEGAN / GLUTENFREI

Mexikanische Trinkschokolade mit Reismilch & Amaranth

Eine ähnliche, leckere Trinkschokolade bekamen wir in einem winzigen Restaurant an der Küste der mexikanischen Halbinsel Yucatán serviert. Die eiskalte vegane Trinkschokolade hat einen süßen Touch durch Reismilch und Zimt, Amaranth sorgt für eine Extraportion Protein, Kakao verleiht dem Drink eine leicht herbe Note. Die kalte Trinkschokolade ist sehr einfach zuzubereiten, genau das Richtige für heiße Tage und perfekt, wenn man einen schnellen Energieschub braucht. Puff-Amaranth bekommt man in Reform- und Bioläden und in großen Supermärkten.

500 ml ungesüßte Reismilch (oder andere ungesüßte Pflanzenmilch)
3 EL Puff-Amaranth
2 TL Bio-Kakao (oder Bio-Kakaopulver), plus etwas Kakao zum Bestäuben
½ TL Zimt
4 Eiswürfel

Alle Zutaten im Standmixer (oder mit dem Stabmixer in einem Rührbecher) auf höchster Stufe pürieren, bis die Mischung glatt ist.

In zwei Trinkschalen oder große Gläser gießen, mit Kakao bestäuben und sofort servieren.

Immunsystem stärkendes Kurkuma-Lassi

In Indien haben wir zwar sowohl Lassi (ein frisches Joghurt-Getränk) als auch Kurkuma kennengelernt, doch die Idee, beides miteinander zu kombinieren, stammt eigentlich von uns. Zu Hause waren wir auf der Suche nach einem erfrischenden Drink, der nach einem langen, dunklen Winter unser Immunsystem ankurbeln sollte. Wir verfeinerten herkömmliches Bananen-Lassi mit Ingwer, Honig und Kurkuma – und heraus kam ein köstlicher Drink mit neuem Geschmack und von intensiver Farbe. Kurkuma ist ein hervorragendes Antioxidans, das als entgiftend, verdauungsfördernd und entzündungshemmend gilt und in der Ayurveda-Medizin schon seit Jahrhunderten verwendet wird. Der schwarze Pfeffer verstärkt die entzündungshemmende Wirkung der Kurkuma noch. Als wir dieses Rezept in unserem Blog posteten, wurde es innerhalb weniger Wochen zu einer Art viralem Erfolg – Kurkuma-Lassi tauchte im gesamten Internet in Blogs und Instagram-Accounts auf und schaffte es sogar auf ein paar indische Rezept-Websites.

450 ml Naturjoghurt (mit Lebendkulturen)
2 reife Bananen
2 TL frischer Ingwer, geschält und gerieben (oder gemahlener Ingwer)
2 EL klarer Honig (vorzugsweise nicht erhitzt)
Saft von ½ Zitrone
2 TL Hagebuttenpulver (optional, aber lecker und ein guter Vitamin-C-Lieferant)
1 TL Vanilleextrakt (oder gemahlene Vanille)
3–4 TL gemahlene Kurkuma (oder frische Kurkuma, gerieben), plus etwas Kurkuma zum Bestäuben
1 kleine Prise schwarzer Pfeffer aus der Mühle
4–5 Eiswürfel

Alle Zutaten im Standmixer (oder mit dem Stabmixer in einem Rührbecher) auf höchster Stufe pürieren, bis die Mischung glatt ist. Nach Belieben mehr Joghurt untermixen. Das Lassi auf 2 große (oder 4 kleine) Gläser verteilen. Besonders hübsch sieht es aus, wenn man noch etwas gemahlene Kurkuma darüberstäubt.

Mit Trinkhalmen servieren.

Vietnamesischer Eiskaffee

Seitdem ich *Ca phe sua da* in Ho-Chi-Minh-Stadt in diversen Cafés serviert bekommen habe, mache ich mir vietnamesischen Eiskaffee zu Hause gerne an heißen Sommertagen – oder immer, wenn ich einen besonderen Wachmacher brauche. Dieses kalte, süße und doch starke Getränk schmeckt wie ein exotischer Vetter des *Frappucino*. In Vietnam verwendet man einen speziellen Drip-Filter zum Aufgießen des Kaffees, geeignet ist aber jede Art von Kaffee – sogar ein doppelter Espresso. Traditionell wird vietnamesischer Eiskaffee mit gesüßter Kondensmilch zubereitet, in unserem Rezept mixen wir eine pflanzliche Alternative aus süßen Datteln und Mandelmilch zusammen. Ich brühe zuerst den Kaffee auf und lasse ihn ein bisschen abkühlen, bevor ich ihn über die Eiswürfel gieße. Das entspricht zwar nicht der traditionellen Zubereitungsart, bietet sich aber an, wenn man nicht so viel Eiswasser trinken möchte. Ich gebe hier keine bestimmten Kaffeebohnen, keinen Mahlgrad und keine Grammangabe vor – verwenden Sie einfach einen Kaffee, den Sie gerne trinken. Seien Sie darauf gefasst, dass er kalt anders (und intensiver) schmecken wird. Das können Sie mit der entsprechenden Menge Dattelmilch aber wieder ausgleichen. Eine Prise Kardamom sorgt für den exotischen Pfiff. – *David*

60 ml starker schwarzer Filterkaffee (vorzugsweise vietnamesischer) oder ein doppelter Espresso
6 frische, weiche Datteln, entsteint
120 ml ungesüßte Pflanzenmilch (wir bevorzugen Mandelmilch)
½ TL Kardamomsamen, im Mörser zerstoßen (oder in der Gewürzmühle frisch gemahlen)
Eiswürfel (nach Belieben)

Den Kaffee aufbrühen und dann etwas abkühlen lassen.

Die Datteln mit der Pflanzenmilch und dem Kardamom im Standmixer (oder mit dem Stabmixer in einem Rührbecher) pürieren. Es ergibt mehr Dattelmilch, als für einen Eiskaffee nötig ist – die Milch lässt sich aber gut im Kühlschrank aufbewahren (oder Sie machen einfach mehr Kaffee).

Eiswürfel in ein Glas geben, den leicht abgekühlten Kaffee darübergießen, und nach Belieben mit Dattelmilch auffüllen – ich finde ein 40:60-Verhältnis von Dattelmilch und Kaffee perfekt.

Drachenfrucht-Milchshake

Drachenfrucht (Pitaya) ist wohl eine der bizarrsten Früchte der Welt. Es ist schwierig, sie zu beschreiben – irgendwie sieht sie aus wie eine pink-rot-grüne Mango-Kaktusfeige. Aufgeschnitten sieht man das weiße, mit winzigen schwarzen Samen gesprenkelte Fruchtfleisch. Nachdem wir Drachenfrucht in Thailand zum ersten Mal probiert hatten, verwendeten wir sie bald für Salate, Desserts und Getränke. Entgegen ihrem extravaganten Aussehen ist die Frucht sehr mild, leicht süß und erinnert ein wenig an Melone. Besonders erfrischend schmeckt sie in Shakes und Smoothies. Diese exotische Version eines Pflanzenmilchshakes wurde auf der Reise zu unserem absoluten Favoriten. Ideal wäre dafür eine junge, frische Kokosnuss mit grüner weicher Schale (keine harte, braune). Junge Kokosnüsse (Trink-Kokosnüsse) bekommt man in manchen Supermärkten und Asialäden sowie übers Internet. Sind keine Trink-Kokosnüsse aufzutreiben, tut es auch Trink-Kokosmilch, dann schmeckt der Shake aber anders.

1 Drachenfrucht, geschält und in Stücke geschnitten
1 Banane, geschält und in Stücke geschnitten
1 junge Trink-Kokosnuss (oder 400 ml ungesüßte Trink-Kokosmilch)
1 große Handvoll Eiswürfel

Die Drachenfrucht- und Bananenstücke in den Standmixer (oder zum Pürieren mit dem Stabmixer in einen Rührbecherl) geben.

Die Trink-Kokosnuss öffnen und das Kokoswasser in einen Messbecher füllen. 250 ml vom Kokoswasser über die Früchte gießen. 125 g weiches Kokosnussfleisch aus der Schale löffeln und zu den Früchten geben. Die Eiswürfel hinzufügen und alles glatt pürieren.

Sofort in großen Gläsern mit Trinkhalmen servieren.

KAPITEL 7

SÜSSE GAUMENFREUDEN

Torta di ricotta e polenta

Dieser italienische Zitronen-Mandel-Kuchen ist reichhaltig, süß und saftig, wird aber ganz ohne Mehl und raffinierten Zucker gebacken und eignet sich wunderbar als Dessert. Er wird wie ein Käsekuchen zubereitet, hat aber mit der schweren amerikanischen Variante kaum etwas gemeinsam. In Italien führen die Lebensmittelgeschäfte verschiedene Sorten von Ricotta. Der leckerste wird aus Schafmilch gewonnen – und den sollte man verwenden, wenn man ihn bekommt. Wir backen den Kuchen häufig bereits am Vortag, denn durch das Ruhen wird er noch saftiger und aromatischer.

100 g Bio-Butter
150 ml klarer Honig (vorzugsweise nicht erhitzt)
abgeriebene Schale von 3 Bio-Zitronen
½ TL gemahlene Vanille (oder Vanilleextrakt)
4 Eier, getrennt
140 g Mandelmehl (oder gemahlene Mandeln)
125 g feiner, gentechnikfreier Bio-Polentagrieß
250 g Ricotta
45 g Mandelblättchen

Den Backofen auf 160 °C (Gas Stufe 3) vorheizen und den Boden einer Springform (20 cm Durchmesser) mit Backpapier auslegen.

Die Butter, die Hälfte des Honigs, die Zitronenschale und die Vanille in eine Rührschüssel geben und mit dem Handrührgerät cremig schlagen. Die Eigelbe dazugeben und alles eine weitere Minute verquirlen. Dann Mandelmehl, Polentagrieß und Ricotta unterrühren.

Die Eiweiße in einer anderen Schüssel mit dem gesäuberten Handrührgerät (oder Schneebesen) schlagen, bis der Schaum leicht fest wird. Den restlichen Honig dazugeben und die Masse weiterschlagen, bis sie wieder fest wird. Die Eiweiß-Honig-Masse vorsichtig mit einem Teigspatel unter den Kuchenteig heben.

Den Teig in die Springform füllen und die Mandelblättchen darüberstreuen. 40–50 Minuten im Ofen backen (bis bei der Garprobe kein Teig mehr am Holzspieß haften bleibt) und aus dem Ofen nehmen. Zunächst wirkt der Kuchen in der Mitte womöglich noch nicht ganz durchgebacken, beim Auskühlen wird er jedoch fest. Den Kuchen vollständig abkühlen lassen und dann erst aus der Form nehmen.

Indische Kardamom-Sesam-Laddu

Viele Jahre lang wusste ich nicht, dass das hübsche, duftende Zuckerwerk, das ich so gerne in Indien gegessen hatte, *Laddu* heißt. Kennengelernt hatte ich das leckere Konfekt, als ein Freund und ich mit dem Zug von Mumbai in den Norden Rajasthans fuhren. Auf dieser Fahrt erlebten wir, wie frech und zugleich freundlich Mitreisende in Indien sein können. Sie schnappten uns den Sitzplatz weg, während wir uns die Beine vertraten, und zwei Minuten später boten sie uns selbst gemachte Süßigkeiten an. Als ich das Konfekt dann Jahre später bei uns zu Hause im Bioladen entdeckte, erinnerte ich mich an den Geschmack von Ghee und geröstetem Kichererbsenmehl und erfuhr den Namen der kleinen Köstlichkeiten. Es ist schon erstaunlich, wie weit man reisen muss, um etwas zu probieren, das man daheim gleich um die Ecke bekommt. Wir haben unsere *Laddu* hier in Rechtecke geschnitten, traditionellerweise werden sie aber zu Kugeln gerollt. – *David*

100 g Ghee (oder Bio-Butter)
125 Kichererbsenmehl
1 TL Kardamomsamen (aus den Kapseln gelöst und frisch in der Gewürzmühle gemahlen oder im Mörser zerstoßen)
40 g Sesamsamen
4 EL klarer Honig (vorzugsweise nicht erhitzt)

In einem Topf das Ghee bei mittlerer Hitze schmelzen. Kichererbsenmehl und frisch gemahlene Kardamomsamen dazugeben und alles 10–12 Minuten köcheln lassen. Dabei häufig umrühren, damit nichts verklumpt oder anbrennt.

Sesamsamen und Honig unterrühren und 5 Minuten unter ständigem Rühren mitköcheln lassen, dann vom Herd nehmen. Die Mischung sollte dick und hellgolden sein und nach gerösteten Kichererbsen duften. Wenn der Teig zu flüssig ist, noch 1 EL Kichererbsenmehl einrühren und dann erst vom Herd nehmen.

Ein Backblech mit Backpapier auslegen und den Teig darauf verstreichen. Leicht flach drücken und etwa 10 Minuten abkühlen lassen. Den Teig auf 1 cm Dicke flach drücken, in 5 × 2,5 cm große Stücke schneiden und im Kühlschrank erstarren lassen.

Das Konfekt hält sich luftdicht verschlossen bei Zimmertemperatur ein paar Tage, gekühlt etwa 1 Woche.

Kalter Reispudding mit Zitrussirup

Risalamande (Reispudding) tischen die meisten Dänen zu Weihnachten auf. Wenn es nach uns geht, ist einmal pro Jahr aber nicht genug, und wir genießen die Winterleckerei ebenso gerne im Frühling, Sommer und Herbst. Traditionellerweise besteht der dänische Reispudding aus Reis, Schlagsahne, Zucker und Mandeln und wird mit Kirschkompott gekrönt. Unsere Variante ist nicht ganz so mächtig, aber ebenso cremig und köstlich. Wir garen den Reis langsam in Mandelmilch und servieren ihn mit leckerem Orangensirup. Wenn gerade Mandarinen Saison haben, wird's noch einen Tick süßer.

Für den Reispudding
150 g brauner (oder weißer) Rundkornreis
800 ml Mandelmilch (oder andere Pflanzenmilch)
1 Prise Meersalz
125 g blanchierte Mandeln, gehackt

Für den Sirup (ergibt 120 ml)
Saft (250 ml) und Schale von 2 großen Bio-Orangen (oder Bio-Mandarinen)
½ TL Kardamomsamen
1 EL klarer Honig (vorzugsweise nicht erhitzt)

250 ml Wasser und Reis in einen Topf mit schwerem Boden füllen und unter Rühren 2 Minuten köcheln lassen, dann die Milch hinzufügen und das Ganze kurz aufkochen. Die Hitze reduzieren, den Deckel auflegen und den Reis 25 Minuten köcheln lassen. Häufig umrühren, damit er nicht anbrennt. Falls nötig, mehr Milch dazugießen, damit der Reis eine sehr cremige Konsistenz bekommt. Mit Meersalz abschmecken. Vollständig abkühlen lassen, dann erst die gehackten Mandeln einrühren.

Inzwischen alle Zutaten für den Zitrussirup in einen kleinen Topf geben und zum Kochen bringen. Die Hitze sofort reduzieren und den Sirup sanft köcheln lassen, bis er auf die Hälfte eingedickt ist (dauert etwa 20 Minuten). Abschmecken und eventuell noch mehr Honig zugeben. Durch ein Sieb gießen, um die Kardamomsamen zu entfernen.

Den abgekühlten Reis in Gläser oder Dessertschälchen füllen und jeweils einen Löffel Sirup obenauf geben.

Getrennt aufbewahrt hält sich der Pudding im Kühlschrank 3–5 Tage, der Sirup bis zu 1 Woche.

Zimtorangen

Vor ein paar Jahren testete ich für ein Magazin, für das ich tätig war, eine Woche lang mehrere Restaurants und Spas in Marokko – nicht gerade die unangenehmste Woche meines Lebens. In einem Restaurant wurde mir ein erstaunliches Mittagsmenü aus sieben vegetarischen Gängen serviert. Die Gerichte waren derart spektakulär, dass ich an den Nachtisch die höchsten Erwartungen stellte. »Die werden das Ganze mit einem Paukenschlag abschließen«, dachte ich. Überraschenderweise bekam ich nur einen Teller mit ein paar Orangenscheiben, die mit Zimt bestäubt waren. Zuerst war ich enttäuscht, aber als ich sie probierte, erkannte ich, wie brillant die Idee war, ein opulentes Mahl mit etwas so Leichtem und Frischem zu beenden. Orangen hatten gerade Saison, und mein Dessert triefte geradezu vor Aroma. Inzwischen machen wir zu Hause häufig Zimtorangen, wenn uns der Sinn nach einem schnellen, frischen Nachtisch steht. Weil unsere importierten Orangen anscheinend nie so gut schmecken wie jene, die ich in Marokko bekommen hatte, haben wir einen Zubereitungsschritt eingefügt, um ihr Aroma zu intensivieren. – *David*

5 Orangen
1 Zimtstange
1 Vanilleschote
1 TL ganze Gewürznelken

Zum Anrichten
2 TL Zimt

1 Orange halbieren und den Saft auspressen. Den Saft mit 60 ml Wasser und den Gewürzen in einen kleinen Topf geben und aufkochen lassen. Vom Herd nehmen und 15 Minuten ziehen und abkühlen lassen.

Inzwischen die übrigen Orangen schälen, am besten die Schalen mit einem Messer abschneiden, um auch die weiße Haut zu entfernen. Die Orangen in 5 mm dicke Scheiben schneiden und auf einem großen (oder vier kleinen) Tellern verteilen. Den gewürzten Orangensaft darübergießen und das Dessert mit Zimt bestreuen.

Blaubeerkekse mit Mandelbutter

Rezepte für vegane und glutenfreie Kekse wachsen nicht eben auf Bäumen, jedenfalls keine guten. Es ist nicht einfach, die richtige »Keksigkeit« zu erzielen, ohne Eier und Butter zu verwenden, weil sie für die meisten Rezepte essenzielle Zutaten sind. Wann immer ich also auf Märkten und an Imbissständen gute selbst gemachte vegane Kekse entdecke, frage ich nach dem Rezept. Die besten veganen Cookies, die ich je probiert habe, waren mit Nussbutter gemacht, das Eier und Butter vollständig ersetzen kann (wie ich in einer New Yorker Bäckerei lernte). Unsere Kekse verwenden eine Mischung aus Mandelmus und Tahini, was ihnen eine schöne Konsistenz und ein wunderbares Spektrum von Aromen verleiht, und Blaubeeren sorgen für Frische und Saftigkeit. Wenn Sie diese Kekse regelmäßig backen, lohnt es sich, Nuss- und Samenbutter selbst herzustellen. Ein Rezept dazu finden Sie in unserem ersten Band *Die grüne Küche*. Sie können aber auch herkömmliches Nussmus verwenden. – *David*

150 g Haferflocken (glutenfrei, falls eine Unverträglichkeit besteht)
100 g Buchweizenmehl
1 TL Natron
1 TL Meersalz
90 ml kalt gepresstes Olivenöl
120 ml Ahornsirup
250 g Mandelmus
90 g Tahini (Sesampaste)
½ TL gemahlene Vanille (oder Vanilleextrakt)
75 g Blaubeeren

Den Backofen auf 180 °C (Gas Stufe 4) vorheizen.

Die Haferflocken im Mörser oder in der Küchenmaschine zu einem groben Mehl zermahlen und in einer großen Schüssel mit Buchweizenmehl, Natron und Meersalz vermischen.

In einem kleinen Topf bei mittlerer Hitze das Olivenöl mit Ahornsirup, Mandelmus, Tahini und Vanille unter Rühren erhitzen, bis Mandelmus und Tahini geschmolzen sind und alles gut vermischt ist.

Über die Mehlmischung gießen, die Blaubeeren dazugeben und alles zu einem Teig verarbeiten.

Ein Backblech mit Backpapier auslegen. Aus dem Teig 2,5 cm große Kugeln formen und mit etwas Abstand auf das Backblech legen. Die Kugeln mit einem Gabelrücken leicht flachdrücken und 10–12 Minuten im Ofen backen (nicht länger, sonst werden die Kekse zu trocken).

Die Kekse aus dem Ofen nehmen und leicht abkühlen lassen, dann auf ein Gitter setzen und vollständig auskühlen lassen. Die Kekse sind warm etwas zerbrechlich, werden aber beim Abkühlen stabiler.

In einer Keksdose halten sie sich 1–2 Wochen.

Tipp: Das Mandelmus kann man auch durch Haselnuss- oder Cashewmus, Erdnussbutter oder durch selbst gemachte *Nuss- und Samenbutter* ersetzen (Rezept in Band I).

Mexikanische Paletas

Nach einem Fahrradabenteuer an einem selbst für Mexiko ungewöhnlich heißen Tag wirkte der kleine Paleta-Laden »Flor de Michoacan« wie ein Wunder, zu schön, um wahr zu sein. Ein Blick in die Tiefkühltruhe machte es keinen Deut realer. Sie war gefüllt mit selbst gemachten *Paletas* (mexikanisches Eis am Stiel) in sämtlichen Farben des Regenbogens und höchst aromatisch, gänzlich aus natürlichen Zutaten wie Früchten, Nüssen und Schokolade hergestellt. Zurück in Schweden kauften wir ein paar Förmchen für Eis am Stiel und probierten eigene Rezepte aus. Es erwies sich als leichter als angenommen, farbenfrohe, geradezu künstlerische *Paletas* zu kreieren. Wir stellen hier drei verschiedene Rezepte vor, die komplizierter aussehen, als sie sind und ausschließlich natürliche Zutaten enthalten. Für die *Regenbogen-Smoothie-Paletas* werden frische Früchte mit Kokosmilch und Honig püriert und schichtweise tiefgefroren. Die *Kiwi-Bananen-Avocado-Paletas* sind supercremig und lecker dank viel natürlicher Süße. Und *Horchata* ist ein lateinamerikanisches Reis-Mandel-Getränk, das wir in Eis am Stiel mit Schokoüberzug verwandelt haben.

Bild auf der nächsten Doppelseite.

Regenbogen-Smoothie-Paletas

150 g frische (oder tiefgekühlte) Erdbeeren
250 ml vollfette Kokosmilch
6 EL klarer Honig (vorzugsweise nicht erhitzt) oder Ahornsirup
Saft von 1 Zitrone
175 g frische (oder tiefgekühlte) Mango, geschält, das Fruchtfleisch vom Kern gelöst und in Würfel geschnitten
2 EL ungesüßte, getrocknete Kokosflocken
150 g frische (oder tiefgekühlte) Blaubeeren

Diese *Paletas* werden in drei Schritten gemacht und bestehen aus einer Erdbeer-, einer Mango- und einer Blaubeerschicht.

Die Erdbeeren, ein Drittel der Kokosmilch, 2 EL Honig und ein Drittel des Zitronensaftes im Standmixer (oder mit dem Stabmixer in einem Rührbecher) glatt pürieren. 8 Eisförmchen zu jeweils einem Drittel mit der Mischung füllen und für etwa 30 Minuten ins Tiefkühlfach stellen. Den Mixer ausspülen und Mango, Kokosflocken, die Hälfte der restlichen Kokosmilch, 2 EL Honig und die Hälfte des restlichen Zitronensaftes darin glatt pürieren. Die Mischung auf die Erdbeere-Schicht in den Eisförmchen gießen, das obere Drittel für die letzte Schicht freilassen. Im Tiefkühlfach fest werden lassen. Den Mixer erneut ausspülen und die Blaubeeren mit den restlichen Zutaten darin glatt pürieren. Die Mischung in die Förmchen füllen und jeweils einen Eisstiel hineinstecken. Im Tiefkühlfach fest werden lassen. Die *Paletas* halten sich im Tiefkühlfach etwa 1 Monat.

Kiwi-Bananen-Avocado-Paletas

1 Avocado, halbiert und vom Kern befreit
4 reife Bananen, geschält und in Stücke geschnitten
6 reife Kiwis, geschält
4 EL klarer Honig (vorzugsweise nicht erhitzt) oder Ahornsirup
Saft von ½ Zitrone

Das Fruchtfleisch der Avocado mit einem Löffel aus der Schale lösen und mit den Bananenstücken und 4 geviertelten Kiwis in einen Mixer geben. Honig, 120 ml Wasser und Zitronensaft hinzufügen und alles glatt pürieren. Die Mischung in 8 Eisförmchen füllen, oben etwa 1 cm frei lassen. 15 Minuten im Tiefkühlfach etwas fest werden lassen.

Die beiden restlichen Kiwis in insgesamt 16 dünne Scheiben schneiden. Die Eisförmchen aus dem Tiefkühlfach nehmen und jeweils an beiden Rändern der Förmchen 1 Kiwischeibe als Dekoration einschieben. Nun müssten die Förmchen bis oben gefüllt sein. Jeweils einen Eisstiel hineindrücken und ins Tiefkühlfach stellen, bis das Eis fest ist. Die *Paletas* halten sich im Tiefkühlfach etwa 1 Monat.

Horchata-Paletas

½ Tasse brauner (oder anderer) Vollkornreis
75 g blanchierte Mandeln
12 frische Datteln, entsteint
eine Prise Meersalz
60 g dunkle Schokolade mit mindestens 70 % Kakaoanteil

Den Reis in ein Sieb geben und unter kaltem Wasser spülen. Reis und Mandeln in einer großen Schüssel mit heißem (nicht kochendem) Wasser bedecken. Mindestens 3 Stunden (am besten über Nacht), quellen lassen. Dann das Wasser abgießen und die Reis-Mandel-Mischung im Standmixer (oder mit dem Stabmixer in einem Rührbecher) mit 750 ml Wasser auf höchster Stufe glatt pürieren. Je nach Mixer bleibt die Mischung eventuell etwas körnig.

Eine Schüssel mit einem feinen Sieb (oder einem Mulltuch, wenn man das Eis völlig glatt haben möchte) bedecken. Das Reispüree durch das Sieb streichen, dabei die festen Teile auspressen, um möglichst viel cremige Flüssigkeit zu gewinnen. Den Mixer ausspülen und die abgeseihte Flüssigkeit wieder hineingeben. Datteln und Salz hinzufügen und alles glatt pürieren. Die *Horchata*-Mischung in die Eis-Förmchen gießen und im Tiefkühlfach 30 Minuten etwas fest werden lassen. Je einen Eisstiel hineinstecken und das Eis im Tiefkühlfach vollständig gefrieren lassen.

Die Schokolade im Wasserbad (in einer Schüssel über einem Topf mit köchelndem Wasser) schmelzen. Die Förmchen einzeln unter warmes (nicht heißes) Wasser halten, bis sich das Eis daraus lösen lässt. Einen Löffel in die geschmolzene Schokolade tauchen und die *Paletas* rundum mit Schokostreifen überziehen. Sofort genießen.

Ohne Schokoladenüberzug halten sich die *Paletas* im Tiefkühlfach etwa 1 Monat.

Bananen-Beignets

Die meisten südostasiatischen Länder haben ihre eigenen Versionen von *Bananen-Beignets*. Straßenverkäufer in Thailand verkaufen sie in Papiertütchen als Mittagssnack, und in Vietnam haben wir eine Variante aus pürierten, zu einer Art Doughnut geformten Bananenküchlein probiert. Die sri-lankische Version ist häufig besonders süß und wird mit Eiscreme und viel Kokossirup (oder Honig) als Nachtisch gereicht. Allen Varianten gemeinsam ist, dass die Bananen in Teig getaucht und knusprig frittiert werden. Unsere *Bananen-Beignets* sind genauso lecker, aber um einiges bekömmlicher, weil wir die Bananen nicht frittieren, sondern im Ofen backen. Sie werden warm serviert und schmecken am besten mit einem Löffel Eiscreme oder Joghurt.

Für die Beignets
60 g Reismehl
1 TL Backpulver
45 g ungesüßte, getrocknete Kokosflocken plus ein paar Flocken zum Anrichten
4 EL Sesamsamen, plus ein paar Samen zum Anrichten
4 TL klarer Honig (vorzugsweise nicht erhitzt)
2 EL kalt gepresstes Kokosfett (oder Olivenöl)
4 EL Mandelmilch (oder andere Pflanzenmilch)
1 Ei
abgeriebene Schale und Saft von 1 Bio-Limette
3 reife Bananen, geschält

Zum Anrichten
4–6 Kugeln Eiscreme (oder Griechischer Joghurt)
optional Sesamsamen und ungesüßte, getrocknete Kokosflocken zum Bestreuen

Den Backofen auf 220 °C (Gas Stufe 7) vorheizen und ein Backblech mit Backpapier auslegen.

In einer Schüssel Mehl und Backpulver vermischen, dann Kokosflocken und Sesamsamen einrühren.

In einem kleinen Topf bei sehr niedriger Hitze Honig und Kokosfett schmelzen lassen. Vom Herd nehmen und mit Mandelmilch, Ei, Limettensaft und -schale schaumig schlagen. Über die Mehlmischung geben und gut verrühren.

Die Bananen längs und die Hälften nochmals quer halbieren, um jeweils vier gleich große Stücke zu erhalten. Die Bananenstücke in den Teig tauchen (sie sollen gut, aber nicht zu dick überzogen sein) und vorsichtig mit der Schnittfläche nach oben aufs Backblech setzen. Die Beignets in 10–12 Minuten im Ofen goldbraun und knusprig backen und auf Dessertschüsselchen verteilen.

Jede Portion mit 1 Kugel Eis oder Joghurt und nach Belieben mit Sesamsamen oder Kokosflocken bestreut servieren.

6–8 PORTIONEN / GLUTENFREI

Wildbeeren-Tarte

Nicht für alle unsere Reisen brauchen wir einen Pass. Im Sommer besuchen wir oft Freunde und Verwandte in Schweden oder Dänemark. Diese wenigen Monate, wenn Obst und Gemüse Saison haben und Beeren schwer an ihren Büschen hängen, sind wirklich märchenhaft. Eine der einfachsten und köstlichsten Arten, die Früchte des nordischen Sommers zu nutzen, ist eine Beeren-Tarte. Für den Teig verwenden wir Haferflocken und Mandelmehl, für den Belag alle Beeren, die man eben findet. Dabei muss man sich aber darüber im Klaren sein, dass der Säuregehalt der Beeren variiert (rote Johannisbeeren etwa sind viel säuerlicher als beispielsweise Himbeeren und Blaubeeren), passen Sie also die Menge des Sirups bzw. Honigs entsprechend an.

Für den Teig

100 g Haferflocken (glutenfrei, falls eine Unverträglichkeit besteht)
50 g Mandelmehl
2 EL Maisstärke (oder Kartoffelmehl)
1 Prise Meersalz
½ TL Vanilleextrakt (oder gemahlene Vanille)
40 g (3 EL) kalt gepresstes Kokosfett (oder weiche Bio-Butter)
2 EL Ahornsirup (oder klarer Honig, vorzugsweise nicht erhitzt)

Für den Belag

450 g frische Beeren (wir haben in diesem Fall Blaubeeren, Himbeeren, Stachelbeeren und rote Johannisbeeren verwendet)
1–2 EL Ahornsirup (oder klarer Honig, vorzugsweise nicht erhitzt)
abgeriebene Schale und Saft (1 EL) von ½ Bio-Zitrone
2 EL frische Minzeblätter, fein gehackt

Zum Anrichten

Joghurt, Eiscreme, Schlagsahne oder Mascarpone

Den Backofen auf 180 °C (Gas Stufe 4) vorheizen.

In einer Schüssel Haferflocken, Mandelmehl, Maisstärke und Meersalz vermischen. Vanille, Kokosfett und Ahornsirup hinzufügen. Die trockenen Zutaten von der Mitte her mit den Händen in die feuchten Zutaten einarbeiten, bis ein Teig entstanden ist. Den Teig zu einer Kugel formen, in Frischhaltefolie wickeln und für etwa 30 Minuten kühl stellen.

In einer Schüssel die Beeren mit Ahornsirup, Zitronensaft und -schale sowie Minze vermischen und eine Weile ruhen lassen, damit sich die Aromen entfalten können.

Den Teig in einer antihaftbeschichteten Tarteform zu einem gleichmäßigen Tarteboden von 20 cm Durchmesser drücken. Mit einer Gabel mehrmals in den Teigboden stechen und diesen etwa 10 Minuten im Ofen vorbacken.

Den Tarteboden aus dem Ofen nehmen, 2 Tassen der Beerenmischung daraufgeben und gleichmäßig verteilen. Die Tarte etwa 35 Minuten backen, bis der Boden goldfarben gebräunt ist und die Beeren saftig und blasig geworden sind. Aus dem Ofen nehmen und die restlichen Beeren darauf verteilen. Pur oder mit einem Klecks Joghurt, Schlagsahne, Eiscreme oder Mascarpone servieren.

Ananas am Stiel

Sosehr wir die thailändische Küche auch lieben, machen uns viele der Desserts (vor Gelatine, Stärke und Zucker strotzende und mit künstlichen Farbstoffen grellgrün, pink oder gelb eingefärbte Cremes) ein bisschen Angst – wir bevorzugen natürlichere und einfachere Naschereien. Darf ich vorstellen: Ananas am Stiel! Okay, es ist etwas vermessen, frische Ananas als »Rezept« zu bezeichnen, aber wir wollten sie wegen der Zubereitungstechnik, die wir von thailändischen Straßenverkäufern lernten, unbedingt in dieses Buch aufnehmen. Frische Ananas werden einfach geschält, der Länge nach geviertelt und zu natürlichen »Lollis« geschnitten. Sie eignen sich ideal für warme Tage oder für Kindergeburtstage. Man kann sie pur genießen oder die Spitzen in Kokosflocken oder geschmolzene dunkle Schokolade tunken (oder in beides).

1 reife Ananas
4 EL ungesüßte, getrocknete Kokosflocken
100 g dunkle Schokolade mit mindestens 70 % Kakaoanteil

Mit einem großen scharfen Messer vom unteren Ende der Ananas (nicht vom Ende mit den Blättern, denn die dienen später als Stiel) eine 1 cm dicke Scheibe abschneiden. Die Ananas auf die Arbeitsfläche stellen, am Grün festhalten und die Schale möglichst dünn abschneiden. Nun sind rund um die Ananas spiralförmig angeordnete schwarze Punkte zu sehen. Mit einem kleinen scharfen Messer die Punkte mit horizontalen Schnitten in geradem Winkel darüber und darunter entfernen, sodass rund um die Ananas v-förmige Einschnitte entstehen. Mit einem großen Messer die Ananas samt Grün der Länge nach senkrecht in vier Teile schneiden.

Für dünnere »Lollis« die Viertel noch einmal der Länge nach halbieren.

Die Kokosflocken in eine kleine Schüssel geben und das obere Drittel der Ananaslollis darin eintauchen.

Oder die Schokolade in Stücke brechen und in einer Schüssel über einem Topf mit heißem Wasser schmelzen. Die Spitzen der Ananaslollis zuerst in die flüssige Schokolade und dann in die Kokosflocken tauchen und die Schokolade vor dem Essen etwas härten lassen.

Tipp: Falls man die Ananaslollis nicht am Grün halten mag oder kann, schneidet man es einfach weg und steckt stattdessen Holzspieße in die Ananasviertel.

Call 28-CLEAN (282-5326)
or email 28CLEAN@sfdpw.gov
Department of Public Works
SAN FRANCISCO
16th St
WARNING
DRUG FREE SCHOOL ZONE
YOU ARE IN A DRUG FREE SCHOOL ZONE
CRIMINAL PENALTIES ARE SEVERELY INCREASED
FOR THE SALE AND POSSESSION FOR SALE
OF DRUGS IN THE IMMEDIATE AREA
MISSION DOLORES
MISSION
SAN FRANCISCO de ASIS
NEXT RIGHT
HISTORICAL LANDMARK NO. 327
NO DOUBLE PARKING
ANY TIME
COMMERCIAL
VEHICLES
INCLUDED
NO PARKING
4 A.M. TO 6 A.M.
EVERYDAY
INCLUDING HOLIDAYS
STREET CLEANING

Buchweizen-Crêpes mit Passionsfrucht-Mango-Sirup

Verbinden Sie sich die Augen und gehen Sie durch die Straßen von Paris – die Chancen stehen gut, dass Sie auf einen Crêpes-Stand stoßen. Tatsächlich kann man in französischen Städten an fast jeder Straßenecke hübsche, außergewöhnliche Crêpes mit pikanter Füllung oder einer großzügigen Portion Sirup oder Schokolade kaufen. Unsere hier sind aus Buchweizenmehl und haben etwas wunderbar Rustikales. Wer Zeit hat, sollte den Teig 1 Stunde vorher zubereiten und bei Zimmertemperatur ruhen lassen – das Ergebnis ist eine viel bessere Konsistenz. Mit einem herrlich süßen, exotischen *Passionsfrucht-Mango-Sirup* mit leichtem Ingwertouch serviert sind sie ein Gedicht!

Für den Passionsfrucht-Mango-Sirup

Fruchtfleisch von 6 Passionsfrüchten
4 EL Ahornsirup (oder klarer Honig, vorzugsweise nicht erhitzt)
1 Stück frischer Ingwer (etwa 1 cm), geschält und gerieben
Mark von 1 Vanilleschote (die Schote aufheben, um damit ein anderes Gericht zu würzen)
1–2 reife Mangos, geschält, das Fruchtfleisch vom Kern gelöst und in Segmente geschnitten

Für den Teig

225 g Buchweizenmehl
3 große Eier
450 ml Pflanzenmilch (z.B. Hafer- oder Mandelmilch)
1 EL geschmolzenes kalt gepresstes Kokosfett, plus etwas Kokosfett zum Backen
1 Prise Meersalz

Zum Anrichten

100 g Mascarpone (oder Griechischer Joghurt)

Für den Sirup das Fruchtfleisch der Passionsfrüchte in einen Topf geben. Ahornsirup, 90 ml Wasser, Ingwer und Vanillemark hinzufügen und bei mittlerer Hitze köcheln lassen, bis der Sirup eingedickt ist. Dabei gelegentlich umrühren. Ist der Sirup zu dünnflüssig, ein paar weitere Minuten auf dem Herd einkochen lassen. Die Mango hinzufügen und den Sirup beiseitestellen.

Für den Crêpes-Teig alle Zutaten mit 250 ml Wasser in einer Schüssel glatt pürieren. Durch ein Sieb passieren, um alle Klümpchen zu entfernen. Oder das Mehl in eine Schüssel geben, Eier und die Hälfte der Milch hinzufügen und alles glatt rühren. Dann nach und nach die restliche Milch und 250 ml Wasser einrühren.

Zuletzt das flüssige Kokosfett und das Salz unterrühren und den Teig mindestens 30 Minuten bei Zimmertemperatur ruhen lassen (falls möglich für 1 Stunde). Nochmals umrühren, damit sich das Mehl nicht unten am Schüsselboden absetzt.

Eine Pfanne (20 cm Durchmesser) auf mittlerer Stufe erhitzen. Ein kleines Stück Kokosfett darin schmelzen. Die Pfanne schwenken, um das Fett in einer dünnen Schicht zu verteilen. Überschüssiges Fett entfernen. 4–5 EL Teig in die Pfanne geben. Die Pfanne leicht schwenken, damit sich der Teig am Pfannenboden verteilt. Etwa 45 Sekunden backen, bis der Crêpe auf der Unterseite golden und oben gestockt ist, dann wenden und kurz auf der anderen Seite backen. Auf ein Backblech gleiten lassen und warm stellen, während die anderen Crêpes ebenso gebacken werden.

Die Crêpes zu Viertelkreisen einschlagen. In der Pfanne nach Belieben mit etwas Sirup erwärmen. Mit einem Löffel Sirup und einem Klecks Mascarpone oder Joghurt servieren.

Doppelt schokoladige Roggenmuffins

»Wir haben eine Überraschung für dich«, sagten meine Eltern. Ich war 10 Jahre alt und hatte meine ersten Tage in den USA mit Fieber in unserem kleinen New Yorker Hotelzimmer verbracht. Meine Mutter holte hinter ihrem Rücken den größten Schokomuffin hervor, den ich je gesehen hatte. Ich kannte damals nur europäische Muffins, aber der da war dreimal größer. Ich machte mich darüber her und schaffte es irgendwie, das ganze Ding in Nullkommanichts zu vertilgen. Ich weiß noch, wie ich dann mit klebrigen Schokofingern und dickem Bauch auf dem Bett lag und dachte: Wenn hier alle Schokomuffins so wie der eben sind, muss ich definitiv nach New York City ziehen, wenn ich groß bin. Unsere Muffins sind nicht so groß, aber dekadent genug, um Bäuche zu füllen, Herzen zu wärmen, Finger mit Schokolade zu beschmieren und selige Lächeln auf Lippen zu zaubern. Auf den ersten Blick sehen unsere Muffins wie wahre Kalorienbomben aus, aber näher betrachtet sind sie überraschend gesund, denn sie enthalten Vollkornroggenmehl, Kokosmilch und nur natürliche Süßungsmittel. Stibitzt man einen direkt aus dem Ofen (wenn die herbe, dunkle Schokolade obenauf noch flüssig ist) schmeckt er so köstlich, dass man nicht der Schokomuffins wegen nach New York auswandern muss. – *David*

Trockene Zutaten
150 g Vollkornroggenmehl
125 g feines Dinkelmehl
40 g roher Kakao (oder ungesüßtes Kakaopulver)
2 EL Backpulver
1 EL Natron
½ TL grobes Meersalz plus ½ TL zum Bestreuen
100 g dunkle Schokolade mit mindestens 70 % Kakaoanteil, grob gehackt

Feuchte Zutaten
3 Eier
250 ml vollfette Kokosmilch
150 ml Ahornsirup
150 ml kalt gepresstes Olivenöl

Den Backofen auf 200 °C (Gas Stufe 6) vorheizen.

In die zwölf Vertiefungen eines Muffinblechs Papierförmchen setzen.

Die trockenen Zutaten (bis auf das Salz und die Schokolade) in eine Schüssel sieben. ½ EL Meersalz und 50 g Schokolade untermengen.

In einer separaten Schüssel die Eier in etwa 1 Minute mit dem Schneebesen schaumig schlagen. Unter ständigem Quirlen Kokosmilch, Ahornsirup und Olivenöl hinzufügen. Die Mehlmischung dazugeben und mit einem Teigspatel vorsichtig unterheben, bis alles verbunden ist.

Den Teig in die Papierförmchen im Muffinblech füllen und die restliche Schokolade daraufgeben. Etwa 18 Minuten im Ofen backen, bis der Teig gut aufgegangen und luftig und die Schokolade geschmolzen ist. Aus dem Ofen nehmen und mit dem restlichen Meersalz bestreuen. Die Muffins schmecken warm, direkt aus dem Ofen, am besten, halten sich aber in einem luftdichten Behältnis etwa 1 Woche und lassen sich auch gut einfrieren.

Tipp: Dieses Rezept enthält recht viel Ahornsirup, der nötig ist, um den herben Geschmack des Roggens und der Schokolade auszugleichen. Einen Teil des Sirups kann man durch eine reife Banane oder Birne ersetzen, dann bekommen die Muffins einen gesund-fruchtigen Touch.

Schnelle Zitronenriegel für Flugreisen

Wenn wir fliegen, haben wir immer eine Snackbox dabei, und diese Riegel sind eigentlich immer darin. Sie eignen sich wunderbar als schnelle Energielieferanten, wenn der Blutzucker oder die Laune in den Keller sinken. Wir lieben sie aber auch deshalb, weil sie aus gerade mal vier Zutaten bestehen, die Zubereitung tatsächlich nur fünf Minuten dauert und weil sie sehr süß und zugleich frisch schmecken. Normalerweise machen wir sie am Abend vor der Reise und lassen sie über Nacht im Kühlschrank fest werden. In Backpapier gewickelt kann man sie prima in die Handtasche stecken. Wie bei all diesen Grundrezepten kann man die Zutaten variieren, je nachdem, was man zu Hause hat. Den Zitronensaft kann man durch Apfelsaft ersetzen, die Cashewkerne durch Mandeln oder – für eine nussfreie Version – durch Sonnenblumenkerne.

150 g rohe Cashewkerne
15 frische weiche Datteln, entsteint
50 g ungesüßte, getrocknete Kokosflocken
60 ml Zitronensaft

Die Cashewkerne in der Küchenmaschine in etwa 20 Sekunden zu grobem Mehl zerkleinern und in einer Schüssel beiseitestellen. Datteln, Kokosflocken und Zitronensaft in der Küchenmaschine zu einer klebrigen Masse verarbeiten. Diese Masse mit dem Cashewmehl zu einem dicken, leicht klebrigen Teig verkneten.

Den Teig fest zu einem etwa 10 cm langen, 15 cm breiten und 1 cm dicken Rechteck pressen und für mindestens 1 Stunde (oder über Nacht) in den Kühlschrank stellen. Das Rechteck in sechs 2,5 cm breite Riegel schneiden.

Die Riegel in Backpapier wickeln und im Kühlschrank lagern. Im Handgepäck halten sie sich ungekühlt mindestens 24 Stunden, im Kühlschrank 4 Wochen.

Tipp: Frische Datteln kann man durch getrocknete ersetzen. Getrocknete Datteln 1 Stunde einweichen, vor dem Verwenden abgießen und mit Küchenpapier abtrocknen.

සැලූන් වැඩට සේවකයින් අවශ්‍යයි
විමසන්න :

FM
92.7 FM
Islandwide
yfm.lk

Frozen Yogurt mit gerösteten Erdbeeren & Pinienkernen

Ich habe Luise in Rom kennengelernt, und eine meiner Lieblingsanekdoten zu diesem Thema ist, dass wir dabei die gute alte italienische Tradition des »Stelldicheins in einer Gelato-Bar« zumindest ansatzweise pflegten. Normalerweise teilen sich Verliebte eine Waffel, sodass sich ihre Nasen wie aus Versehen berühren, wenn sie das Eis schlecken. Meine Eissucht war jedoch zu groß, um mich mit einer halben Portion zufriedenzugeben, und ich bestellte einen riesigen Eiscremeturm mit drei Geschmacksrichtungen für mich allein. Zum Glück wurden wir trotzdem ein Paar, und bald war meine Liebe zu Eis einer noch tieferen Liebe zu Luise gewichen, und inzwischen habe ich zu teilen gelernt. Wenn wir zu Hause Eiscreme machen, dann gerne mit Joghurt (Frozen Yogurt). Durch das Rösten werden die Erdbeeren noch süßer und fruchtiger und schmecken in Kombination mit Griechischem Joghurt und Pinienkernen einfach wunderbar. Man serviert die mit Pinienkernen bestreuten Eiskugeln in Waffeln oder Bechern. Italienische Eiscremehersteller betonen immer, wie wichtig die Qualität der Früchte ist – man sollte daher nach den reifsten und fast lippenstiftroten Erdbeeren auf dem Markt Ausschau halten. – *David*

500 g frische Erdbeeren, gewaschen und von Stielen und Blättern befreit
120 ml Ahornsirup
1 EL Zitronensaft
½ TL Vanilleextrakt (oder Mark von 1 Vanilleschote)
500 ml vollfetter Griechischer oder Türkischer Joghurt (für Veganer gentechnikfreier Sojajoghurt)
40 g Pinienkerne, fein gehackt

Den Backofen auf 180 °C (Gas Stufe 4) vorheizen und ein Backblech oder eine große Auflaufform mit Backpapier auslegen.

Die Erdbeeren je nach Größe halbieren oder vierteln. Erdbeerstücke, 2 EL Ahornsirup, Zitronensaft und Vanille in eine Schüssel geben und vermischen, bis alle Beeren mit Sirup überzogen sind. Die Mischung auf dem Backblech verteilen und 30–40 Minuten rösten, bis die Erdbeeren etwas geschrumpft sind und einen sirupartigen Saft abgeben. Aus dem Ofen nehmen und in einer Schüssel beiseite stellen. Sobald sie abgekühlt sind, mit einer Gabel leicht zerdrücken und in den Kühlschrank geben.

Inzwischen in einer Schüssel Joghurt, Pinienkerne und den restlichen Ahornsirup verrühren und ebenfalls in den Kühlschrank stellen, bis die Erdbeeren abgekühlt sind.

Die Joghurtmischung und die Hälfte der Erdbeeren in eine Eismaschine geben und das Eis nach Gebrauchsanweisung herstellen. Kurz vor Ende der Zubereitungszeit die restlichen Erdbeeren dazugeben und die Maschine noch 1 Minute laufen lassen. Die Masse in ein frostbeständiges Behältnis füllen und im Tiefkühlfach fest werden lassen.

Wer keine Eismaschine besitzt, kann Joghurt und Erdbeeren auch in einem niedrigen frostbeständigen Behälter zusammenmixen und für 1 Stunde ins Gefrierfach stellen. Sobald die Masse am Rand gefroren ist mit einer Gabel umrühren, um gefrorene Teile aufzubrechen. Wieder ins Tiefkühlfach stellen und weitere 2 Stunden gefrieren lassen, dabei alle 30 Minuten mit einer Gabel umrühren, um die Eiskristalle aufzubrechen. Das Behältnis verschließen und bis zum Servieren im Tiefkühlfach lagern.

Tipp: Für den Frozen Yogurt eignen sich auch aufgetaute tiefgekühlte Erdbeeren – dann einfach das Rösten überspringen und etwas mehr Ahornsirup verwenden.

Schokoladenkuchen ohne Mehl

Im Internet sind zahlreiche Legenden darüber im Umlauf, wie der *Schokoladenkuchen ohne Mehl* erfunden worden ist. Viele Geschichten schreiben es dem Versehen eines Bäckers in den 1920er-Jahren zu, der bei einem Mandel-Kuchen, den er für ein Fest vorbereitete, das Mehl vergessen haben soll – falls die Geschichte stimmt, wäre das einer der leckersten Fehler des Jahrhunderts. Wir haben in Frankreich und Südeuropa diverse Kuchen und Torten ohne Mehl gekostet, und sie waren ausnahmslos spektakulär gut. Die meisten hatten einen Boden aus gemahlenen Nüssen, Trockenfrüchten und Eiern, wodurch er saftig, süß und leicht knusprig ist. Unser Schokoladenkuchen ist recht klassisch, hat aber einen marokkanischen Touch: Datteln sorgen für natürliche Süße, Orange für aromatische Frische und obenauf werden Granatapfelkerne gestreut. Der Kuchen ist durch die dunkle Schokolade, das Kakaopulver und die gemahlenen Haselnüsse wunderbar saftig und durch und durch köstlich. In unserer Familie ist er sehr beliebt und wir backen ihn zu allen Feier- und Geburtstagen.

300 g rohe Haselnüsse (oder andere Nüsse)
25 frische weiche Datteln (oder eingeweichte und abgetrocknete Trockendatteln), entsteint und grob gehackt
5 Eier, getrennt
abgeriebene Schale und Saft von 1 Bio-Orange
3 EL roher Kakao (oder ungesüßtes Kakaopulver)
½ TL Natron
75 g Butter
150 g dunkle Schokolade mit mindestens 70 % Kakaoanteil

Für das Topping
450 ml Schlagsahne (oder griechischer Joghurt)
100 g Granatapfelkerne (oder frische Beeren)
50 g dunkle Schokolade mit mindestens 70 % Kakaoanteil, geraspelt zum Bestreuen

Den Backofen auf 180 °C (Gas Stufe 4) vorheizen und eine Springform (20 cm Durchmesser) mit Backpapier auslegen.

Die Nüsse in der Küchenmaschine zu feinem Mehl zermahlen. In eine Schüssel geben und beiseite stellen.

Datteln, Eigelbe, Orangenschale und -saft, Kakao und Natron in die Küchenmaschine geben und auf hoher Stufe zu einer klebrigen Masse verarbeiten. In eine große Rührschüssel füllen.

Butter und Schokolade in einer Schüssel über einem Topf mit siedendem Wasser schmelzen, mit den Nüssen zur Dattelmischung geben und alles gut verrühren.

Die Eiweiße mit dem Handrührgerät (oder Schneebesen) in einer sauberen Schüssel steif schlagen und mit einem Teigspatel behutsam unter den Teig heben.

Den Teig in die Springform geben und etwa 70 Minuten im Ofen backen, bis der Kuchen fest, aber nicht trocken ist. Aus dem Ofen nehmen und abkühlen lassen, erst dann aus der Form lösen.

Den Kuchen mit Schlagsahne oder mit Joghurt bestreichen. Die restliche Schokolade und die Granatapfelkerne (oder frische Beeren) darüber streuen.

Sofort servieren oder im Kühlschrank aufbewahren. Ohne Topping hält sich der Kuchen gekühlt 3–5 Tage.

Limettenmousse mit Granatapfelkernen

Obwohl Limettenkuchen (*Key Lime Pie*) eigentlich ein klassisch amerikanisches Dessert ist, entwickelten wir dieses davon inspirierte Rezept in Marokko. Eines Morgens auf dem Markt lagen plötzlich alle hier vorgestellten Zutaten vor uns, sodass wir sie nur noch zu einer ultracremigen, süß-säuerlichen Mousse zusammenmixen mussten. Dies ist der ideale Nachtisch für legere Partys oder einen gemütlichen Brunch, weil man vorab schnell und unkompliziert die gewünschte Menge davon zubereiten und im Kühlschrank aufbewahren kann.

2 reife Avocados, halbiert und vom Kern befreit
abgeriebene Schale und Saft von 2 Bio-Limetten
6 frische weiche Datteln (oder Trockendatteln, 20 Minuten in warmem Wasser eingeweicht, abgegossen und mit Küchenpapier trocken getupft), entsteint
Kerne von 1 Granatapfel

Das Fruchtfleisch der Avocados mit einem Löffel aus den Schalen lösen. Das Fruchtfleisch im Standmixer (oder mit dem Stabmixer in einem Rührbecher) mit den Limettenschalen, dem Limettensaft und den Datteln glatt pürieren. Abschmecken und eventuell noch etwas mehr Limettensaft, -schale oder Datteln hinzufügen.

Die Mousse auf vier kleine Gläser verteilen und im Kühlschrank in ein paar Stunden etwas fest werden lassen. Mit einer großzügigen Portion Granatapfelkernen obenauf gekühlt servieren.

Tipp: Die Mousse hält sich in einem luftdichten Behältnis im Kühlschrank ein paar Tage.

KAPITEL 8

GUTES IM GLAS

FARLOPA
SPORT
C18

Rohe Himbeer-Chia-Marmelade

Es ist zwar manchmal sehr erfüllend, aus reifen frischen Früchten in aller Ruhe eine köstliche Marmelade zu kochen, aber häufig bemerken wir recht kurzfristig, dass wir genau dann ein Glas Marmelade benötigen, wenn frische Früchte gerade keine Saison haben. Statt einkaufen zu fahren, nehmen wir einfach gefrorene Beeren aus dem Tiefkühlfach und mischen sie mit etwas Ahornsirup und Chiasamen. Nach nur 10 Minuten haben die Chiasamen die Mischung in eine marmeladenartige Masse verwandelt, mit der man Pfannkuchen, Waffeln, Sandwiches und Brötchen bestreichen kann – und bei der unkomplizierten Zubereitung mit Chiasamen sind weder Zucker noch Erhitzen nötig.

250 g frische (oder aufgetaute tiefgekühlte) Himbeeren
2 EL Chiasamen
2 TL Ahornsirup (oder klarer Honig, vorzugsweise nicht erhitzt)

Die Himbeeren in eine Schüssel geben und mit einer Gabel zerdrücken. Die Chiasamen und den Ahornsirup einrühren und alles gut verrühren.

Die Mischung 10 Minuten ruhen lassen, dabei gelegentlich umrühren, damit die Chiasamen nicht zusammenkleben.

Die Marmelade in ein luftdicht verschließbares Glas füllen. So hält sie sich im Kühlschrank bis zu 5 Tage.

ETWA 400 G / VEGAN / GLUTENFREI

Pico-de-Gallo-Salsa

In unserer Küche wird die klassische mexikanische *Pico de Gallo-Salsa* zu einer cremigen Paste. Wir rösten Tomaten und Paprikaschoten im Ofen, um ihre Süße zu intensivieren, dadurch harmonisieren sie die Schärfe von Chili, Koriander und Zwiebel perfekt. Die Salsa passt prima zu unseren *Linsen-Erdbeer-Tacos* von Seite 69 oder zum *Mexikanischen Frühstückssalat* von Seite 48.

4 Tomaten, halbiert
2 rote Paprikaschoten, halbiert, Stiele und Kerne entfernt
½ Zwiebel, in Würfel geschnitten
½ grüne Jalapeño-Chilischote, fein gehackt (Stiele und Kerne vorher entfernt)
1 kleine Handvoll frischer Koriander, gehackt
Saft von ½ Limette

Den Backofen auf 200 °C (Gas Stufe 6) vorheizen.

Tomaten und Paprika mit den Schnittflächen nach unten auf ein Backblech legen und etwa 30 Minuten rösten, bis sie leicht geschwärzt sind. Aus dem Ofen nehmen und etwas abkühlen lassen. Wenn sie kühl genug sind, um sie mit den Händen anzufassen, Tomaten und Paprika häuten und das Fruchtfleisch im Standmixer (oder mit dem Stabmixer in einem Rührbecher) pürieren, dann die restlichen Zutaten einrühren. Nach Belieben abschmecken.

Die Salsa hält sich luftdicht verschlossen im Kühlschrank ein paar Wochen.

14
141
VERDUR
Marisc
PERIS
els millors
espàrrecs d'en Roca
Rosan
FRUTAS CASILLE
FRUTAS CASILLE
ROSETA
DATTELN

Kakao-Haselnuss-Creme

Unsere Nuss-Nougat-Creme ist weniger süß als gekaufte Varianten, schmeckt intensiv schokoladig-nussig und ist sehr gesund. Sie eignet sich bestens als Aufstrich für Roggenbrot, als Zutat im morgendlichen Smoothie oder als Füllung für die *Roggen-Schoko-Croissants* von Seite 53. Die Kakaobutter kann man durch kalt gepresstes Kokosfett ersetzen – die Creme schmeckt dann anders, aber auch sehr lecker.

375 g rohe Haselnüsse (oder andere Nüsse)
125 g Kakaobutter (oder kalt gepresstes Kokosfett)
20 frische Datteln (oder eingeweichte Trockendatteln, abgegossen und abgetrocknet), entsteint
4 EL roher Kakao (oder ungesüßtes Kakaopulver)

Den Backofen auf 150 °C (Gas Stufe 2) vorheizen.

Die Nüsse in einer Schicht auf ein Backblech legen und im Ofen etwa 20 Minuten rösten, bis sie goldbraun sind und die Häute aufzuplatzen beginnen (dabei aufpassen, dass sie nicht anbrennen). Aus dem Ofen nehmen und etwas abkühlen lassen.

Die Nüsse auf ein raues, sauberes Geschirrtuch legen und die Häute damit abrubbeln. Die Nüsse in die Küchenmaschine geben und zerkleinern, bis eine glatte Masse entsteht (wie Nussmus) und das Nussöl ausgetreten ist. Das Nussmus mit einem Teigspatel vom Rand der Küchenmaschine nach unten schaben.

In einem kleinen Topf die Kakaobutter bei sehr niedriger Hitze schmelzen.

Die Datteln mit einer Gabel auf einem Küchenbrett zerdrücken, bis sie die Konsistenz klebrigen Karamells haben.

Das geschmolzene Fett, Kakaopulver, Datteln und 120 ml Wasser in die Küchenmaschine zur Nussbutter geben und alles glatt pürieren (oder mit einem Kochlöffel in einer Rührschüssel gut vermischen). Fall nötig, etwas mehr Wasser zugeben und die Creme nach Belieben mit Kakaopulver abschmecken.

Die Creme in ein luftdicht verschließbares Glas füllen und im Kühlschrank lagern. Sie hält sich gekühlt mehrere Wochen.

Tipp: Für den extra Piff einen Teil des Wassers durch die abgeriebene Schale und den Saft von 1 Orange ersetzen.

I KLEINES GLAS / VEGAN / GLUTENFREI

Zatar-Gewürzmischung

Zunächst haben wir diese nahöstlich-nordafrikanische Gewürzmischung in unserem Gewürzschrank aufbewahrt, aber sie kletterte schnell die Karriereleiter hoch und belegt nun einen Platz auf der Küchenanrichte, gleich neben dem Salz. Wir würzen mit Zatar gebratenes Gemüse, Salate, Hummus oder weich gekochte Eier. Die Gewürzmischung kann aber eigentlich für fast alle pikanten Gerichte verwendet werden und verleiht Speisen eine salzige und gleichzeitig scharfe Note. Eine nette optionale Zutat ist 1 EL gemahlener Kreuzkümmel.

4 EL Sesamsamen
4 EL gemahlener Sumach
2 EL getrockneter Thymian
2 EL getrockneter Oregano
1 Prise Meersalz

Die Sesamsamen in einer Pfanne bei niedriger Hitze unter Rühren leicht anrösten (man kann sie aber auch roh verwenden). Die Samen vom Herd nehmen und sofort in eine Schüssel geben, damit sie nicht anbrennen. Etwas abkühlen lassen und dann mit den restlichen Zutaten vermischen. In ein Schraubglas füllen und luftdicht verschließen. So hält sich die Gewürzmischung an einem dunklen Platz mehrere Monate.

1 KLEINES GLAS / GLUTENFREI

Trockenpflaumensauce

Dies ist eine wunderbar einfache Version der asiatischen süßsauren Pflaumensauce. Wir dippen z. B. gedünstetes Gemüse oder Teigtaschen (wie die *Pilz-Tofu-Teigtaschen* von Seite 165) in die Sauce.

225 g Trockenpflaumen, entsteint
2 EL Zitronensaft (oder mehr nach Belieben)
2 EL klarer Honig (vorzugsweise nicht erhitzt)

Alle Zutaten mit 120 ml Wasser im Standmixer (oder mit dem Stabmixer in einem Rührbecher) glatt pürieren. Falls nötig, mehr Wasser oder Zitronensaft hinzufügen. Hält sich in einem Glas mit Schraubverschluss im Kühlschrank mehrere Wochen.

ETWA 275 G / GLUTENFREI

Mango-Rosinen-Chutney

Dieses aromatische Chutney ist wunderbar ausgewogen, süß und pikant zugleich. Wir genießen es besonders gerne zu indischen Gerichten (wie beispielsweise den *Masala Dosa* von Seite 81 und dem *Blumigen Eier-Curry* von Seite 161), es passt aber zu fast allen herzhaften Speisen und verleiht ihnen einen gewissen Kick.

Für das ***Gewürzsäckchen***
1 Zimtstange
2 Gewürznelken
2 Kardamomkapseln
1 TL Kreuzkümmelsamen
1 TL Koriandersamen
1 TL frischer Ingwer, gerieben

Für das Chutney
1 reife Mango, geschält, das Fruchtfleisch vom Kern gelöst und in mundgerechte Stücke geschnitten
1 kleine Handvoll Rosinen
4 EL Apfelessig
½ TL getrocknete Chiliflocken (oder mehr nach Belieben)
2 EL klarer Honig (vorzugsweise nicht erhitzt) oder Ahornsirup
½ TL Meersalz

Alle Gewürze in einen Aufgussbeutel (oder in ein Stück Mull- oder Seihtuch) geben und verschließen (bzw. zubinden).

Das Mangofruchtfleisch in einem Topf mit dem Gewürzsäckchen, den Rosinen und 175 ml Wasser bei mittlerer Hitze aufkochen lassen. Die Hitze reduzieren und die Mischung 10 Minuten unter gelegentlichem Rühren sanft köcheln lassen. Essig, Chili, Honig und Salz dazugeben, den Deckel auflegen und das Chutney in etwa 30 Minuten dick und breiig garen. Nach Belieben mit Essig, Honig oder Salz abschmecken.

Vollständig auskühlen lassen und in ein luftdicht verschließbares Glas füllen.

Hält sich im Kühlschrank ein paar Wochen.

Register

Über die Autoren

David Frenkiel und Luise Vindahl sind das Paar, das hinter dem mit Preisen ausgezeichneten Food-Blog »Green Kitchen Stories« steckt. Mit ihren gesunden, saisonalen und köstlichen vegetarischen Gerichten haben David und Luise eine große Fangemeinde in der ganzen Welt, und ihre unkomplizierten Rezepte, verbunden mit den farbenfrohen, wunderschönen Fotos, sind zu ihrem Markenzeichen geworden. *Die grüne Küche auf Reisen* ist das zweite Kochbuch der beiden Autoren. Das erste (bei Knesebek unter dem Titel *Die grüne Küche* erschienen) wurde in acht Ländern veröffentlicht und von den Kritikern gefeiert.

Davids und Luises Rezepte erschienen bislang unter anderem im F*ood & Wine Magazine*, im *Bon Appétit Magazine*, in der *ELLE*, in der *Vogue*, im *The Guardian*, und in der *Vegetarian Times.* 2013 wurde David und Luises Blog vom *Saveur Magazine* mit dem Preis »Best Special Diets Blog« ausgezeichnet, und ihre Bestseller-Apps (für iPhone und iPad entwickelt) wurden 2012 und 2013 in die Bestenliste des »App Store« aufgenommen.

Luise ist Dänin und David Schwede. Momentan leben die beiden mit ihrer Tochter Elsa in Stockholm. Neben ihrer freiberuflichen Tätigkeit als Rezepte-Erfinder und Food-Fotografen arbeitet David als freier Grafikdesigner und Luise als diplomierte Ernährungsberaterin.

Ihren Blog findet man unter *www.greenkitchenstories.com.*

Danke!

Mit großem Dank!

An unsere fantastischen Blog-Leser – ihr seid der eigentliche Grund, warum wir es wagten, unsere Träume zu realisieren und Bücher zu schreiben. All euer Feedback, eure anfeuernden Kommentare und vielen Fragen halfen uns, unsere Art zu kochen Tag für Tag noch zu verbessern.

An unsere geliebten Familien in Dänemark und Schweden – dafür, dass ihr uns auf unseren Reisen begleitet, uns euer Auto leiht, mit Elsa spielt, während wir arbeiten, und uns immer ermuntert, egal, was wir gerade tun. Wir lieben euch, und eure Unterstützung bedeutet die Welt für uns.

An all die netten Menschen, die uns beim Haustausch und dank Airbnb-Vermittlungen ihre Wohnungen und Sofas zur Verfügung gestellt haben! Wir sind so dankbar dafür, auf Reisen in Wohnungen statt in Hotelzimmern oder Motels wohnen zu können. Ihr seid immer bei uns willkommen, wenn ihr Stockholm besucht.

An Fouzia, Jazmine und all die anderen Mütter und Hobbyköche und -köchinnen, die uns rund um die Welt in ihre Küchen eingeladen und uns beigebracht haben, wie man regionale Gerichte authentisch zubereitet.

An Kate, Kajal, Stephen und den Rest des Teams bei Hardie Grant, die an ein Buch glauben, das zwei unserer größten Leidenschaften (Kochen und Reisen) miteinander verbindet.

An Carolyn – dafür, dass sie alle kleinen Pannen und Abweichungen in den Rezepten gefunden hat. Und dafür, dass sie unser Englisch besser klingen lässt, als es tatsächlich ist.

An Charlotte – dafür, dass sie ein weiteres Buch für uns gestaltet hat.

An Elsa – dafür, dass du so bist, wie du bist.

Titel der Originalausgabe: *Green Kitchen Travels*
Erschienen bei Hardie Grant Books, London 2014

Deutsche Erstausgabe

Ein Unternehmen der La Martinière Groupe

Umschlaggestaltung: Leonore Höfer, Knesebeck Verlag
Lektorat, Satz und Herstellung: VerlagsService Dietmar Schmitz GmbH, Heimstetten
Druck: 1010 Printing International Limited
Printed in China

ISBN 978-3-86873-806-3

www.knesebeck-verlag.de